«*Haz co...*
creo que ... de la vida, la familia, la iglesia y la cultura de esta generación. Me encantaría que todos los adolescentes leyeran este libro, pero de igual forma desearía que lo leyeran todos los padres, líderes de iglesias y educadores. Si le dices "no" a las distracciones y "sí" a este notable libro, te garantizo que recibirás una gran recompensa».

RANDY ALCORN, autor de los éxitos de librería *El Cielo* y *El principio del tesoro*

«*Haz cosas difíciles* es fácil de leer, pero te desafiará al máximo. Es inspirador, profundo y práctico. Padres, este libro llevará a sus hijos adolescentes al tipo adecuado de problema: al que llega cuando sueñan, corren riesgos por Dios y se atreven a pasar por alto el statu quo. Pónganlo en sus manos. Léanlo ustedes mismos. Nunca es demasiado tarde para hacer cosas difíciles».

JOSHUA HARRIS, pastor, autor y hermano mayor

«Este libro es una refrescante llamada de atención para nuestra generación. ¡*Podemos* hacer cosas difíciles y entregarnos a algo inmenso para el reino de Dios!».

LEELAND MOORING, músico nominado a los Grammy

«Este libro creará una aversión distinta en tu alma con respecto a vivir una vida fácil y cómoda. Mi oración es que Dios utilice este libro para inspirar a muchos jóvenes (¡y mayores por igual!) a hacer cosas difíciles por la gracia de Dios para la gloria de su nombre».

C.J. MAHANEY, ministerio *Sovereign Grace*, autor de *La vida Cruzcéntrica* y *Humildad: Grandeza escondida*

«Alex y Brett Harris son dos jóvenes extraordinarios con un mensaje revolucionario. En una cultura en la que la pereza y la comodidad están con frecuencia a la orden del día para los adolescentes, *Haz cosas difíciles* presenta una alternativa radical y provocativa. Recomiendo de todo corazón este libro».

R. ALBERT MOHLER JR., presidente del Seminario Teológico Bautista del Sur

«En este libro, Alex y Brett captan a la perfección la pasión y el potencial de nuestra generación. En *Haz cosas difíciles*, nos alientan a ir más allá del statu quo en todo, desde las tareas de la escuela hasta el servicio a los pobres. En realidad, este es un libro único y muy necesario».

ZACH HUNTER, abolicionista y autor de *Sé tú la diferencia*, 16 años de edad

«*Haz cosas difíciles* es justo el mensaje que necesita escuchar nuestra generación. Este libro nos desafía a detenernos y a recordar las cosas que Dios ha puesto en nuestros corazones para que hagamos, y para que dediquemos el tiempo para hacerlas *ahora*. Enfrentémonos a las bajas expectativas y llamemos a nuestra generación a levantarse y ver lo que el Señor puede hacer cuando somos rebeldes con causa».

BARLOWGIRL, cantante

«Este es un libro importante. Y no solo para quienes quieran emprender de manera exitosa la madurez, sino también para personas de veinte y treinta años descontentas que anhelan que las lancen hacia la relevancia. Las proposiciones que se hacen en este libro no son deseos de lo que podría ser ni tampoco una reflexión sobre cómo solían ser las cosas. Los hermanos Harris demuestran con sus vidas y mediante ejemplos de los "grandes sueños" de la contracultura adolescente de todo el mundo que los jóvenes adultos pueden alcanzar grandes cosas y vivir vidas abundantes, intencionales, excelentes y significativas».

TED SLATER, editor de *Boundless*, Enfoque a la Familia

«Alex y Brett Harris están guiando el camino de la lucha para salvar a su generación, y en *Haz cosas difíciles* llaman a otros a que se les unan. Mi oración es que otros adolescentes escuchen su llamado y se les unan en la línea de fuego».

RON LUCE, fundador del ministerio *Teen Mania* y autor de *Amigos sin beneficios*

«Si eres una persona joven que quiere influir en este mundo para Jesucristo, ¡lee este libro! He visto a Alex y Brett emprender aventuras nuevas y enormes con resolución y determinación y, como resultado, madurar y convertirse en líderes para esta generación y un ejemplo para todas las generaciones, a fin de llegar a cumplir todo tu potencial en Cristo y para Él».

JUEZ TOM PARKER, Tribunal Supremo de Alabama

«Alex y Brett son genuinos, y *Haz cosas difíciles* es una verdadera llamada de atención, no solo para jóvenes, sino también para todo el pueblo de Dios. No me canso de recomendarlo».

SHANNON ETHRIDGE, autora de los éxitos de librería *La batalla de cada mujer joven* y *Suya por completo*

«¡Añade años a tu vida! Este libro es una guía práctica para recuperar los años desde los trece a los diecinueve. Es una buena lectura: la trampa de las bajas expectativas, el peligro del ocio, historias sorprendentes; ¡es conmovedor! *Haz cosas difíciles* es una combinación ganadora de optimismo y desafío».

MARK DEVER, pastor de la iglesia bautista *Capitol Hill* y fundador de 9Marks.org

«*Haz cosas difíciles* es el libro de texto para cualquiera que trabaje con adolescentes; es una lectura filosófica y fundamental que no te puedes perder».

TIMOTHY ELDRED, director ejecutivo de *Christian Endeavor International*

«Como profesor universitario, soy muy consciente de la tendencia de la Generación Y a demandar más reconocimiento a cambio de menos esfuerzo y a relacionar la autoestima solo con el ser en lugar de relacionarla con el logro. *Haz cosas difíciles* es un llamado a los adolescentes en todo lugar a canalizar su energía hacia la actividad transformadora del mundo con importancia eterna. Lo recomiendo mucho».

Dr. Alex Chediak, profesor asociado de ingeniería en la Universidad Bautista de California y autor de *With One Voice*

«Nuestra generación está llena de quejicosos apáticos, complacientes e inmaduros. Como contraste, Brett y Alex son líderes en nuestra generación, y su mensaje es que tú también puedes serlo».

Hans Zeiger, autor de *Reagan's Children* y *Get Off My Honor*

«El sencillo título, *Haz cosas difíciles*, en un sentido resume el enérgico optimismo de las páginas del libro. ¡Tan solo hazlo! ¡Hazlo! ¡Hazlo! El argumento está respaldado por historias y anécdotas para alentar a los pusilánimes. Sin embargo, los fundamentos de este libro son muchísimo más profundos. Mediante sus palabras y su ejemplo, los gemelos Harris provocan a los adolescentes cristianos a elevar su vista.

»Si tengo alguna reserva con respecto al nuevo libro de Alex y Brett, tales dudas se tratan menos de ellos y más de la disposición de la cultura evangélica a escuchar y responder a un desafío tan fuerte y serio. Aun así, desde luego, es justo de lo que se trata todo esto: una pareja de muchachos de diecinueve años, con sabiduría por encima de su edad, pidiéndonos al resto de nosotros que seamos rebeldes con causa».

Joel Belz, fundador de *World Magazine*

«Las expectativas de los adultos para los jóvenes son demasiado bajas. Y estos gemelos están ahí para elevarlas. No te adaptes a las bajas expectativas culturales para la juventud. Establece otras más altas. La juventud puede convertirse en un ejemplo para los adultos. Piensa de ese modo. Sueña de ese modo. O como dirían los hermanos Harris: "Rebélate contra las bajas expectativas".

»Que Dios nos dé una misión para la siguiente generación que glorifique el evangelio de Cristo y dirija a miles de jóvenes a la cruz, donde encuentran perdón de pecados, humildad que quebranta, y valentía semejante a la de Cristo para rebelarse contra las bajas expectativas y "hacer cosas difíciles"».

JOHN PIPER, ministerio *Desiring God* y autor del éxito de librería *Los peligros del deleite*

«*Haz cosas difíciles* es muy importante. Desafía a los adolescentes a rebelarse contra las bajas expectativas que les pusieron, entre las cuales están, nada más y menos, que las bajas expectativas espirituales. Y las voces que están pidiendo a los adolescentes que se levanten para enfrentarse a este desafío son voces de su propia generación. Eso me emociona.

»Si tienes un hijo adolescente, o si tienes un nieto o una nieta, quiero alentarte a que tomes un ejemplar de *Haz cosas difíciles*. Será un estupendo regalo de graduación o una buena lectura.

»Y no solo que les regales el libro; pon de manifiesto el fortalecimiento de tu relación con los adolescentes que Dios ha puesto en tu vida. Conviértete en un mentor espiritual y ayúdales a rebelarse contra las bajas expectativas. Ayúdalos a convertirse en rebeldes con una buena causa, buscando más de la vida que el simple cambio de canal sin pensar en nada».

CHUCK COLSON, fundador de *Prison Fellowship* y autor del éxito de librería *Y ahora... ¿cómo viviremos?*

Para leer elogios de adolescentes, padres y trabajadores con jóvenes reales, visita TheRebelution.com.

UNA REBELIÓN
ADOLESCENTE
CONTRA LAS

HAZ COSAS
DIFÍCILES

ALEXyBRETT
HARRIS

Unilit Sepa

Publicado por
Unilit
Miami, FL 33172

© 2013 Editorial Unilit (Spanish translation)
Primera edición 2013
Primera edición 2014 (Serie Favoritos)

© 2008 por Alex Harris y Brett Harris
Prólogo © 2008 por Chuck Norris
Originalmente publicado en inglés con el título:
Do Hard Things por Alex Harris y Brett Harris.
Publicado por Multnomah Books, un sello de
The Crown Publishing Group, una división de Random House, Inc.,
12265 Oracle Boulevard, Suite 200, Colorado Springs, CO 80921 USA
Publicado en español con permiso de Multnomah Books, un sello de
The Crown Publishing Group, una división de Random House, Inc.
(This translation published by arrangement with Multnomah Books, an imprint of
The Crown Publishing Group, a division of Random House, Inc.)

Todos los derechos de publicación con excepción del idioma inglés son contratados
exclusivamente por GLINT, P O Box 4060, Ontario, California 91761-1003, USA.
(All international rights are contracted through: Gospel Literature International, P O Box
4060, Ontario, CA 91761-1003, USA.)

Reservados todos los derechos. Ninguna porción ni parte de esta obra se puede reproducir, ni
guardar en un sistema de almacenamiento de información, ni transmitir en ninguna forma
por ningún medio (electrónico, mecánico, de fotocopias, grabación, etc.) sin el permiso
previo de los editores.

Traducción: *Belmonte Traductores*

A menos que se indique lo contrario, el texto bíblico ha sido tomado de la Santa Biblia,
Nueva Versión Internacional °NVI°. Propiedad literaria © 1999 por Biblica, Inc. ™.
Usado con permiso. Reservados todos los derechos mundialmente.
Las citas bíblicas señaladas con LBLA se tomaron de LA BIBLIA DE LAS AMERICAS°
Copyright (c) 1986, 1995, 1997 por The Lockman Foundation
Usadas con permiso. www.lbla.org.
El texto bíblico indicado con «NTV» ha sido tomado de la Santa Biblia, Nueva Traducción
Viviente, © Tyndale House Foundation 2008, 2009, 2010. Usado con permiso de Tyndale
House Publishers, Inc., 351 Executive Dr., Carol Stream, IL 60188, Estados Unidos de
América. Todos los derechos reservados.

Las historias de adolescentes presentadas en este libro se utilizaron con permiso.

El énfasis del autor en los pasajes bíblicos aparece en cursivas.

Producto 496994
ISBN 0-7899-2183-9
ISBN 978-0-7899-2183-3

Impreso en Colombia
Printed in Colombia

Categoría: Jóvenes/General
Category: Youth/General

A nuestros padres, Gregg y Sono Harris.
Este libro es el mensaje de sus vidas.
Nuestro triunfo es su triunfo. Les amamos.

CONTENIDO

Prólogo de Chuck Norris.. 13

PRIMERA PARTE
LA RECONSIDERACIÓN DE LA ADOLESCENCIA

1. La mayoría de las personas no... 17
   Un tipo distinto de libro para adolescentes
2. El nacimiento de una gran idea 22
   Rugidos de una rebelución
3. El mito de la adolescencia.. 36
   *La revelación de las bajas expectativas que le roban
   a nuestra generación*
4. Un camino mejor 53
   *La reclamación de la adolescencia como la rampa de
   lanzamiento de la vida*

SEGUNDA PARTE
CINCO TIPOS DE COSAS DIFÍCILES

5. Ese aterrador primer paso 69
   *Cómo hacer cosas difíciles que te sacan de tu zona de
   comodidad*
6. El aumento de las expectativas.................................. 88
   *Cómo hacer cosas difíciles que te llevan más allá de
   lo que se espera o se requiere*
7. El poder de la colaboración 105
   *Cómo hacer cosas difíciles que son demasiado grandes
   para que las hagas solo*
8. Pequeñas cosas difíciles... 125
   *Cómo hacer cosas difíciles que no surten efecto
   de inmediato*

9. La adopción de una postura..................................137
   Cómo hacer cosas difíciles que van en contra
   de la corriente

TERCERA PARTE
ÚNETE A LA REBELUCIÓN

10. Una generación que se levanta................................155
    La creación de una contracultura que parte de cero
    (y una pizca de sal)
11. Miles de héroes jóvenes 168
    Historias de nuevos comienzos, desafíos imposibles
    y de los adolescentes que los viven
12. Mundo, conoce a tus rebelucionarios.......................190
    La transformación de tu visión desde una decisión
    hasta un destino

Apéndice: Haz cosas difíciles, el evangelio y tú 203
Notas 209
Reconocimientos...213
Acerca de los autores..219

S iendo joven descubrí el poder de hacer cosas difíciles. La miseria más absoluta, el alcoholismo de un padre, el abandono de nuestra familia y mi propia timidez fueron algunos de los obstáculos a los que me enfrenté y vencí cuando era pequeño. Mi madre siempre me decía: «Dios tiene un plan para tu vida». Y tiene razón. Cada uno de nosotros tiene el llamado a alcanzar la grandeza. A decir verdad, hay un héroe en el interior de cada uno de nosotros. Dios nos diseñó a todos para que seamos una bendición para muchos... un héroe para algunos.

Sin embargo, solo hay una manera de llegar hasta ahí, y se describe en el título de este libro: *Haz cosas difíciles*.

En la actualidad, vivimos en una cultura que fomenta la comodidad, en lugar de los desafíos. Todo se trata de encontrar maneras de escapar a la dificultad, evitar el dolor y eludir la obligación. En el pasado, se esperaba que los jóvenes hicieran contribuciones significativas a la sociedad. Hoy en día, nuestra cultura espera muy poco de los adolescentes, no mucho más que permanecer en la escuela y realizar algunas tareas. Una triste consecuencia de tales expectativas tan bajas es que no se aprenden lecciones transformadoras.

¿A quién podemos acudir para motivar a una nueva generación de gigantes? Yo he encontrado la respuesta. Alex y Brett Harris y su libro: *Haz cosas difíciles*.

Conozco personalmente a los gemelos y puedo dar fe de su integridad y de su sabiduría. He visto su pasión por levantar a una nueva generación de jóvenes duros de espíritu. Son jóvenes sorprendentes, calificados de modo único para inspirar a otros a alcanzar grandes cosas.

Uno de mis principios en la vida es desarrollarme hasta el máximo de mi potencial en todos los aspectos y ayudar a otros a hacer lo mismo. Brett y Alex salen directamente del mismo molde, pero con un potencial aun mayor para llegar a los jóvenes en todo el mundo.

Su libro es mucho más que el típico manual. Desde un revelador repaso histórico de los años de la adolescencia, hasta los planes personales para ayudar a los adolescentes a sobreponerse a los obstáculos difíciles, los autores hacen sonar un grito de batalla para elevar la expectativa cultural del potencial adolescente y desafiar a los jóvenes a alcanzar lo mejor que les ha dado Dios.

Haz cosas difíciles ayudará a reclutar, desarrollar y desplegar a una nueva generación de jóvenes guerreros de la cultura. Con la ayuda de Dios, el libro que tienes en tus manos dará entrada a una era en la que pueda decirse de nuevo de nuestra juventud: "Les he escrito a ustedes, jóvenes, porque son fuertes, y la palabra de Dios permanece en ustedes, y han vencido al maligno» (1 Juan 2:14).

Comienza a leer en este momento. Después, ¡haz cosas difíciles!

Chuck Norris
www.chucknorris.com

PRIMERA PARTE

LA RECONSIDERACIÓN DE LA ADOLESCENCIA

LA MAYORÍA DE LAS PERSONAS NO...

Un tipo distinto de libro para adolescentes

L a mayoría de las personas no espera que entiendas lo que vamos a decirte en este libro. Incluso, si tú lo entiendes, no esperan que te importe. Incluso, si te importa, no esperan que hagas algo al respecto. Incluso, si haces algo al respecto, no esperan que perdure.

Bueno, nosotros sí.

Este es un tipo distinto de libro para adolescentes. Indaga en línea o recorre tu librería local. Encontrarás muchos libros escritos por personas de unos cuarenta años que, más o menos, entienden lo que es ser adolescente. Encontrarás muchos libros baratos de usar y tirar para adolescentes porque se supone que a los jóvenes de hoy no les interesan los libros ni ven ningún motivo para tenerlos cerca. Y encontrarás una amplia selección de libros en los que nunca tienes que leer nada dos veces, porque el mensaje es demasiado sencillo. Justo para ti.

Lo que tienes entre tus manos en este momento es un libro desafiante *para* adolescentes escrito *por* adolescentes que creen que nuestra generación está lista para un cambio. Lista para algo que no prometa una vida nueva por completo si solo te compras un par de vaqueros adecuados o utilizas el tipo apropiado de desodorante. Creemos que nuestra generación está lista para reconsiderar lo que los adolescentes son capaces de hacer y de llegar a ser. Y hemos observado que cuando se rebaten y aclaran las ideas equivocadas, nuestra generación es rápida para escoger un camino mejor, incluso si es más difícil también.

Somos hermanos gemelos de diecinueve años de edad, que nacimos y nos criamos en Oregón, nuestros padres nos escolarizaron en casa y nos esforzamos por seguir a Cristo lo mejor que nos sea posible. Hemos cometido nuestra parte de errores. Y aunque no creemos que existan «adolescentes promedio», no hay nada en absoluto tan extraordinario en cuanto a nosotros en lo personal.

Aun así, hemos tenido algunas experiencias extraordinarias. A los dieciséis años de edad hicimos prácticas en el Tribunal Supremo de Alabama. A los diecisiete, servimos como directores a nivel local de cuatro campañas políticas estatales. A los dieciocho, fuimos los autores del blog cristiano para adolescentes más popular de la red. Hemos podido hablarles a miles de adolescentes y sus padres en conferencias en los Estados Unidos y a escala internacional, y llegar a millones en línea. No obstante, si nuestros años de adolescencia han sido diferentes a la mayoría, no se debe a que seamos en cierto modo mejores que otros adolescentes, sino a que nos ha motivado una idea muy sencilla, pero muy grande. Es una idea que vas a encontrar por tu cuenta en las páginas que tienes delante.

Hemos visto que esta idea transforma a adolescentes «promedio» en personas que cambian el mundo y son capaces de lograr cosas increíbles. Y solo comenzaron estando dispuestos a romper el molde de lo que piensa la sociedad que los adolescentes son capaces de hacer.

Por lo tanto, aunque la historia comienza con nosotros, este libro no trata de nosotros en realidad, y nunca desearíamos que fuera así. Trata de algo que Dios está haciendo en los corazones y las mentes de nuestra generación. Habla de una idea. Habla de rebelarse en contra de las bajas expectativas. Habla de un movimiento que está cambiando las actitudes y las acciones de adolescentes en todo el mundo. Y queremos que tú seas parte de eso.

Este libro te invita a explorar algunas preguntas radicales:

- ¿Es posible que aunque los adolescentes hoy en día tienen más libertad que ninguna otra generación en la historia, en realidad nos hemos perdido algunos de los mejores años de nuestra vida?
- ¿Es posible que lo que dice nuestra cultura sobre el propósito y el potencial de los años de la adolescencia sea una mentira y que nosotros seamos sus víctimas?
- ¿Es posible que nuestros años de adolescencia nos den una oportunidad única para grandes logros, como individuos y como generación?
- Y, por último, ¿cómo serían nuestras vidas si anduviéramos por un camino diferente por completo, un camino que requiriera más esfuerzo, pero que prometiera mucha más recompensa?

Nosotros describimos ese camino alternativo con tres sencillas palabras: «haz cosas difíciles».

Si eres como la mayoría de las personas, tu primera reacción a la frase «haz cosas difíciles» será parecida a lo siguiente: «¿Difíciles? Ajá. Muchachos, acabo de recordar que tengo que estar en otro lugar. Ahora mismo».

Entendemos esa reacción. Nos recuerda una historia que nos gusta relatar acerca de un grupo de monjes. Sí, monjes.

En las afueras de una pequeña ciudad en Alemania está la abadía imaginaria de Dundelhoff. Ese pequeño monasterio de piedra es el lugar de una secta estricta de monjes dundress, en la que cada uno ha prometido vivir una vida de continua abnegación e incomodidad.

En lugar de llevar cómodas camisetas y pantalones vaqueros desgastados como casi todas las personas, esos monjes llevan camisas que pican, hechas de pelo de cabra o de cota de malla, directamente sobre la piel desnuda. En lugar de dormir sobre suaves colchones, almohadas y cálidas mantas, duermen sobre los fríos pisos de piedra de la abadía. Puede que hayas leído en alguna parte que los monjes son fabulosos cocineros, ¿verdad? Bien, esos monjes no lo son. Comen un compuesto sin color y sin sabor... una vez al día. Solo beben agua tibia.

Podríamos continuar, pero ya te haces una idea. Independientemente de la decisión a la que se enfrenten, los monjes dundress siempre escogen la opción más difícil, la que proporcione menos comodidad física, la que sea menos atractiva y ofrezca la menor diversión. ¿Por qué? Porque creen que cuanto más desgraciados sean, más santos son; y mientras más santos sean, más feliz se siente Dios.

Por lo tanto, esos miserables monjes deben ser la imagen para «haz cosas difíciles», ¿cierto?

¡Equivocado!

No estamos tramando hacer que tu vida sea miserable. No estamos recomendando que hagas todas las cosas difíciles. Por ejemplo, no te estamos diciendo que robes un banco, ni que te tires por un precipicio, ni que escales el Half Dome con tus manos, ni que estés bocabajo durante veinticuatro horas seguidas. No te estamos diciendo que hagas cosas difíciles sin sentido (o estúpidas), solo porque sean difíciles. Y si eres cristiano, de seguro que no te estamos diciendo que si trabajas más duro o te propones estar incómodo a propósito, Dios te querrá más. Él nunca te amará, ni nunca podría amarte, más de lo que te ama en este momento.

Por consiguiente, eso es lo que no estamos haciendo. Lo que *sí* estamos haciendo es desafiarte a que optes por algo más emocionante para tus años de adolescencia que la que se presenta como normal en la sociedad actual. Esa opción de algún modo se ha perdido en nuestra cultura, y la mayoría de las personas ni siquiera la conoce. En las páginas siguientes, vas a conocer a jóvenes como tú que han vuelto a descubrir mejor este camino, un camino para subir más alto, soñar más grande, ser más fuerte, amar y honrar a Dios, vivir con más gozo, y dejar de desperdiciar sus vidas.

En *Haz cosas difíciles* no solo decimos que hay un camino mejor que seguir en los años de la adolescencia, también te mostramos cómo nosotros y miles de otros adolescentes lo están haciendo en este momento, y de qué manera tú puedes hacerlo también.

EL NACIMIENTO DE UNA GRAN IDEA

Rugidos de una rebelución

E l verano del año 2005, cuando teníamos dieciséis años de edad, fue un verano difícil; no tanto debido a lo que hicimos, sino debido a lo que no hicimos. Durante varios años habíamos estado participando mucho en el discurso y en el debate en la secundaria, pasando la mayor parte de nuestros veranos haciendo investigaciones para el tema del siguiente curso y escribiendo discursos para acontecimientos individuales. Nuestros padres habían decidido que había llegado el momento de que avanzáramos, y aunque estábamos de acuerdo con su decisión, nos sentíamos perdidos.

Aceptamos agradecidos las vacaciones, pero estábamos buscando dirección; inseguros de qué hacer con nuestras vidas, o incluso de lo que venía a continuación. Sabíamos que queríamos hacer algo que tuviera importancia, ¿pero qué era? Parecía que cada vez que creíamos que teníamos un plan, Dios cerraba la puerta. Estábamos flotando. En el limbo.

Entonces, papá se hizo cargo.

«Les he apuntado a los dos en un programa intenso de lectura este verano», anunció una mañana, poniendo una gran pila de libros sobre la encimera de la cocina.

Nos miramos el uno al otro con cautela. Nos encanta leer, pero algo en el modo en que papá dijo la palabra *intenso* captó nuestra atención; eso y el grueso de los libros a los que señalaba. En el montón se incluían libros de un amplio rango de temas: historia, filosofía, teología, sociología, ciencia, negocios, periodismo y globalización.

Durante los meses siguientes, no hicimos muchas más cosas aparte de leer. Digerimos libros como *El punto clave* por Malcolm Gladwell, *El ascenso de Theodore Roosevelt* por Edmund Morris, *Verdad total* por Nancy Pearcey, *La fábrica del Cosmos* por Brian Green, *Blog* por Hugh Hewitt, y *El mundo es plano* por Thomas Friedman, solo por mencionar algunos. Mientras más leíamos, más se llenaban nuestras mentes de pensamientos emocionantes y, al mismo tiempo, inquietantes, acerca de nuestro mundo rápidamente cambiante y el lugar que ocupaba nuestra generación en él.

Comenzamos a darnos cuenta de que aunque los libros que estábamos leyendo estaban escritos para adultos, los adolescentes eran los que más necesitaban lo que decían los libros. Después de todo, ¿no son los adolescentes los que crecerán para vivir en el mundo que describen esos libros? ¿Y no son los adolescentes a los que llamarán para dirigirlo? Si es así, estábamos convencidos de que tenía que haber más en los años de la adolescencia de lo que sugiere la cultura pop.

Decidimos comenzar un blog como un lugar para expresarles nuestras ideas a los amigos y a cualquier otra persona que pudiera cruzarse con él. Sabíamos que necesitábamos dejar salir nuestras ideas, y era evidente que la Internet era el camino a seguir. Después de cierta vacilación, por fin establecimos un nombre para nuestro blog: The Rebelution [La Rebelución].

Es probable que la palabra *rebelución* sea nueva para ti. Para ser sinceros, nosotros la inventamos. Combinamos *rebelión* y *revolución* a fin de formar una palabra nueva por completo para un concepto nuevo en su totalidad: rebelarse contra la rebelión. De modo más preciso, definimos *rebelución* como «la rebelión adolescente contra las bajas expectativas».

En este capítulo queremos mostrarte el lado personal de la rebelución porque así es que comenzó: dos adolescentes que despiertan a una gran idea, y los primeros rugidos de un cambio histórico en el modo de pensar de adolescentes en todo el país y en todo el mundo. Este capítulo es nuestra historia. En los capítulos siguientes planteamos con más detalle por qué pensamos que la Rebelución es necesaria, lo que significa y como tú puedes ser parte de ella.

Tocar la cuerda adecuada

Si nos hubieras dicho que nuestro humilde blog alojado en Google y presentando un diseño de plantilla genérico llegaría a convertirse en el blog cristiano para adolescentes más popular en la red, nos habríamos reído. Sin embargo, nuestras ideas sobre lo que Dios puede hacer por medio de adolescentes como nosotros han recorrido un largo camino desde entonces.

Una de las primeras series de artículos que pusimos se titulaba *El mito de la adolescencia*, y llamaba a cuestionar la idea moderna de los años de adolescencia como un período para tontear y holgazanear. Casi de inmediato, otros adolescentes comenzaron a hacer comentarios. Para nuestra sorpresa, descubrimos que los adolescentes no solo pensaban que los años de la adolescencia *podían* tener un significado más profundo, sino que también sentían fuertemente que los años de la adolescencia *deberían* tener un significado más profundo. Un adolescente escribió: «Lo que están diciendo es lo que me falta en mi iglesia. ¡No se detengan!».

Cuando preguntamos en el blog por qué los adolescentes no se estaban levantando contra las bajas expectativas de nuestra cultura, la respuesta nos abrumó: «Todos a los que conozco en la escuela están encadenados por las bajas expectativas», comentó Lauren, de dieciséis años, de Colorado. Nate, estudiante de último año del instituto en la Florida, escribió: «Vaya, ustedes han dicho exactamente lo que yo he estado sintiendo, bueno, ¡desde que me convertí en adolescente!».

A medida que la conversación se fue acalorando, seguimos preguntándonos quiénes eran con exactitud esos otros adolescentes. Conocíamos a algunos, pero a la mayoría no los conocíamos. ¿Eran todos brillantes, los primeros de su clase? Cuando preguntamos, descubrimos que ese no era el caso. Casi todos se describían como adolescentes comunes y corrientes. Algunos asistían a la escuela pública, otros a la privada y aun otros recibían educación en casa. La mayoría vivía en los Estados Unidos; otros escribían desde Canadá, el Reino Unido, Australia, Brasil y Filipinas. Cómo nos encontraron, no lo sabemos en realidad. No obstante, todos estaban inquietos en su mayoría. Nuestras preguntas habían tocado una cuerda.

Se corrió la voz. Nuevas preguntas dieron lugar a más discusión e inspiraron nuevas entradas en el blog, a veces dos o más al día. Nosotros no teníamos todas las respuestas, y no muchos de los que escribían pensaban que las tuvieran. Aun así, todas las preguntas y la argumentación, los comentarios y las ideas, ayudaron a afilar nuestras ideas en bruto. Algo grande estaba comenzando a desplegarse.

Mucho mayor de lo que entendíamos nosotros. Solo tres semanas después de haber comenzado el blog, el *New York Daily News*, el sexto periódico diario de mayor tirada en los Estados Unidos, escribió una columna acerca del blog. «¡Piensen en grande! Gemelos HS les dicen a sus pares», expresaba el titular. La columna comenzaba con las palabras: «La mayoría de los blogs de estudiantes es el equivalente en línea de los diarios perfumados o las paredes de las taquillas: maneras para que los adolescentes murmuren, confiesen y se relacionen con sus amigos. Sin embargo, un par de gemelos de dieciséis años de Oregón educados en su casa [...] quieren cambiar eso».

«Los años de la adolescencia no son unas vacaciones de la responsabilidad», le dijimos al columnista. «Son el terreno de entrenamiento de futuros líderes que se atrevan a ser responsables ahora».

El artículo atrajo a más lectores al blog. La mayoría solo sentía curiosidad con respecto a que un grupo de adolescentes estuviera *buscando* de verdad responsabilidad, pero muchas personas se quedaron, y el pesado tráfico no interrumpió la verdadera discusión que se estaba produciendo entre las crecientes filas de «rebelucionarios».

«Supongamos que nosotros los adolescentes entendemos esto», escribió Jake, estudiante de primer año de Oklahoma, respondiendo a un nuevo comentario sobre las bajas expectativas en los medios de comunicación. «¿Qué necesitamos hacer en realidad? ¿Qué es lo siguiente?».

Dios debió de haber estado siguiendo nuestra conversación en línea... y sonriendo. Porque lo que Él trajo a continuación hizo diminutos pedazos de nuestras viejas expectativas para los años de adolescencia.

Conejillos de Indias para nuestras propias ideas

En octubre de 2005, nos invitaron a solicitar las prácticas en el Tribunal Supremo de Alabama. ¿Puedes decirlo otra vez? Nunca en un millón de años podríamos haber predicho nada como eso. Por lo general, esas posiciones estaban reservadas para alumnos de derecho y excepcionales estudiantes universitarios. Nosotros habíamos sido exitosos en competiciones de discursos y debates, sí, pero ni siquiera nos habíamos graduado de secundaria. Aún teníamos dieciséis años.

Nuestro primer pensamiento fue que quizá no sabían cuál era nuestra edad. En cambio, sí lo sabían. Resultó que el abogado a cargo del programa de pasantías en la oficina del juez Tom Parker había estado leyendo el blog La Rebelución y decidió que estaba dispuesto a probar nuestra premisa de que los adolescentes tienen, y desperdician, un enorme potencial sin desvelar. A petición del abogado, el juez Parker estuvo de acuerdo en no aplicar el requisito normal de la edad para esas posiciones y mirar únicamente si nosotros podíamos realizar el trabajo. La puerta estaba abierta. La pelota estaba en nuestro campo.

Decidimos solicitar las prácticas, pero a decir verdad, no sabíamos qué temer más: ser rechazados o ser aceptados. Pasó un mes horrible, y por fin llegaron las noticias. Nos habían aceptado para realizar prácticas durante dos meses en las salas de un Tribunal Supremo de Justicia. Nuestras principales responsabilidades serían investigar y revisar opiniones judiciales para el juez Parker. Nuestra fecha de comienzo fue dos meses antes de cumplir los dieciséis años.

A pesar de lo emocionados que estábamos por haber sido aceptados, también sentíamos una enorme presión. Seríamos los pasantes más jóvenes en la historia del Tribunal Supremo de Alabama, y es probable que de cualquier Tribunal Supremo. No es que nosotros no aportáramos algunas capacidades. Habíamos trabajado duro para llegar a ser buenos investigadores, tertulianos y escritores. Sin embargo, eso fue en la secundaria y en el instituto; ahora era un nivel nuevo por completo. Dios parecía estar convirtiéndonos en conejillos de Indias para nuestras propias ideas. Ahora vemos que solo fue justo, pero en ese momento estábamos aterrorizados.

Nos íbamos de casa por primera vez, y teníamos menos de un mes para prepararnos. Cada día tendríamos que vestirnos con traje y corbata, lo cual significaba hacer ajetreados viajes de compras al centro de la ciudad. También teníamos que organizar dónde viviríamos y, desde luego, tuvimos que decirles a los lectores de nuestro blog lo que estaba sucediendo.

Ellos estaban emocionados. Todos entendían que esa era una oportunidad para los dos de probar las ideas que nuestra comunidad en la red había estado discutiendo con tanta intensidad. Era momento de practicar el mensaje de nuestro pequeño movimiento, y no solo de leer y escribir al respecto.

A nuestra llegada a Montgomery, nos enteramos de que se esperaba de nosotros que aportáramos de diversas maneras, y la formación se realizaría por completo sobre la marcha. Aunque el juez Parker y sus empleados eran amables e inclusivos, nosotros no recibiríamos ningún trato especial. Habían pasado por alto nuestra edad cuando nos consideraron para las prácticas, y la pasarían por alto ahora cuando se trataba de evaluar nuestro rendimiento. Tendríamos que ganarnos la confianza, y no se nos permitiría poner en un compromiso la eficiencia del tribunal.

Eso significaba que comenzaríamos con lo básico: recoger el correo, hacer fotocopias y organizar documentos. También redactábamos borradores de notas de prensa y manejábamos cierta correspondencia por correo electrónico. Poco después nos invitaron a que ayudáramos a editar las opiniones del juez Parker y distribuírselas a otros jueces. Cada vez que una tarea iba bien, el juez Parker nos confiaba más. En realidad, su expectativa de que podíamos hacer más fue una motivación constante para aprender y mejorar.

Al final de los dos meses, habíamos pasado de hacer recados a acompañar al juez Parker a acontecimientos prestigiosos. Habíamos pasado de editar opiniones revisando la puntuación y la ortografía, a realmente aportar párrafos finales, e incluso redactar a veces bosquejos de memorandos internos a los otros jueces. Cuando terminó nuestro período de prácticas, incluso el juez Parker estaba sorprendido por lo que habíamos logrado, y nosotros estábamos eufóricos.

En seguida se abrió otra puerta: nos invitaron en Alabama a servir como directores a nivel local de cuatro campañas estatales simultáneas para el Tribunal Supremo de Alabama, incluyendo la candidatura del juez Parker a presidente del tribunal.

¡Los conejillos de Indias habían sobrevivido! Lo más importante, los dos habíamos experimentado nuestra propia rebelución personal. Y ese solo fue el comienzo.

El recorrido por todo el Estado

Nuestras prácticas probaron a dos jóvenes, pero las campañas estatales probarían a todo un equipo de adolescentes. En sí, cientos de ellos. Como directores en el ámbito local, trabajaríamos con jóvenes y los reclutaríamos a ellos y a sus familias para realizar esfuerzos por todo el estado. Además, operaríamos bajo la misma pauta que nos había hecho conseguir el trabajo: la capacidad, no la edad, determinaría a quién se reclutaba.

La primavera de 2006 nos encontró de nuevo en Alabama, preparados para llevar el movimiento Rebelución al siguiente nivel. Teníamos nuestra base en las oficinas de campaña en Montgomery, pero durante los tres meses siguientes visitamos casi todos los condados del Estado. Todos los principales miembros de la plantilla de la campaña estaban del lado de los más jóvenes. Nuestro director de campaña era el mayor, unos treinta y tantos años; nuestro director de campo tenía veintitrés; y nosotros, los directores a nivel local, teníamos diecisiete. Ese fue solo el comienzo. Una de las primeras personas reclutadas fue Jake Smith, el mismo Jake que había aportado a la pregunta: «¿Qué necesitamos hacer en realidad? ¿Qué es lo siguiente?».

Reclutamos adolescentes en casi todos los niveles de la campaña y les alentamos a aceptar la responsabilidad de alto nivel. Los adolescentes diseñaron la página web de la campaña. Los adolescentes coordinaron el alojamiento y las comidas para los voluntarios de fuera del Estado. Los adolescentes utilizaron avanzado software de mapas para crear rutas por carretera de distribución de literatura. Planificaron actividades y coordinaron la cobertura televisiva. Proporcionaron el diseño gráfico, las fotografías de campaña y la videografía. Cuando la campaña llegó a su fin, los adolescentes no solo habían trabajado miles de horas en la campaña, sino que también habían realizado la operación a nivel local más grande de cualquier carrera en Alabama en ese período.

Sin embargo, con grandes sueños llegan grandes desafíos. No creerías algunos de los problemas que tuvimos que resolver, casi siempre sin advertencia alguna. Por ejemplo:

- ¿Cómo se recluta y se vuelve a motivar a voluntarios que solo se aparecieron porque les dijeron por error que trabajarían para un candidato *diferente*?

- ¿Cómo se distribuyen ciento veinte mil periódicos en una carrera NASCAR en el autódromo *Talladega Superspeedway* en treinta y seis horas (sin que te arrollen ni te arresten)?

- ¿Dónde se da alojamiento a voluntarios que conducen desde cuatro estados más lejos y llegan cansados, sin dinero y *demasiado temprano*?

- ¿Qué les dices a los reclutados más mayores, casi todos muchachos universitarios, tal como resultó ser, que proclaman en voz alta que los adolescentes son gamberros que no tienen ni idea y en quienes no hay que confiar, y después descubren que *tú* (es decir, «el gamberro sin ideas») es quien está a cargo?

No obstante, con cada desafío, nuestro equipo completo descubrió nuevas oportunidades de aprender, reír y a veces comenzar de nuevo. También hicimos descubrimientos sobre nosotros mismos como individuos. Una campaña, al igual que cualquier movimiento o revolución, no es en verdad una masa sin rostro. Es una colección de individuos que se unen en la misma causa por un motivo. Son personas comunes y corrientes que deciden dar un paso y ser parte de algo grande.

Es entonces cuando se convierten en extraordinarios.

Chica tímida a cargo

Nos gustaría que pudieras conocer a Heidi Bentley, nuestra coordinadora para el condado de Mobile. Habíamos conocido a Heidi y a su familia un poco en la reunión de comienzo de campaña. En las semanas siguientes, todas nuestras comunicaciones con ella fueron por teléfono o por correo electrónico; ella estaba en el sur de Alabama y nosotros estábamos en el capitolio. Le asignamos a Heidi todo tipo de grandes tareas, desde ocuparse de materiales de campaña en grandes festivales hasta reservar instalaciones y hacer cientos de llamadas telefónicas, y ella hizo un trabajo increíble. Con frecuencia nos decíamos los unos a los otros: «Si todos nuestros coordinadores de condado fueran como Heidi, ¡nos iría muy bien!».

Sin embargo, Heidi no era como nosotros pensábamos que era. La habíamos confundido con su hermana mayor, a quien también conocimos en la reunión. Todo el tiempo creímos que Heidi tenía veinticuatro años. La verdadera Heidi tenía diecisiete.

Nuestra primera reacción fue: *¡Vaya, no puedo creer que le exigiéramos tanto a ella!* Entonces, nos atrapamos a nosotros mismos. ¡Un momento! Nosotros creíamos que tenía veinticuatro años, y por eso habíamos esperado que fuera responsable como si tuviera veinticuatro años, y ella se elevó para cumplir esas expectativas y actuó como si tuviera veinticuatro años. Heidi fue el testimonio individual de la rebelución de la que habíamos estado escribiendo.

Nuestra segunda reacción fue: *¡Vaya! Nosotros también tenemos diecisiete, y somos los directores a nivel local, ¡por gritar en voz alta!*

En cambio, hacia el final de la campaña fue cuando nos enteramos de algo más acerca de Heidi. Ella siempre había sido muy introvertida. Detestaba hablar por teléfono, según nos dijo su familia, incluso con personas que conocía. Sin embargo, nosotros le habíamos puesto al teléfono con extraños casi a cada momento. A lo largo de toda la campaña, su familia observó con asombro el modo en que Heidi salió fuera de su zona de comodidad e hizo cosas que antes podrían haber parecido imposibles.

Mejor que el éxito

Cuando contamos la historia de las campañas de Alabama, las personas siempre preguntan si ganamos. La respuesta es no. A pesar de la competencia y el duro trabajo de tantas personas como Heidi, nuestros candidatos perdieron en las elecciones. Lo irónico es que el mismo día en que nos sentamos para escribir esta historia, el *Huntsville Times* publicó un editorial titulado «Judicial-Race Excesses» [Excesos en la carrera judicial]. Censuraba las campañas por su gasto «descontrolado». Las carreras judiciales de 2006 en Alabama, según decía el periódico, habían establecido el máximo nacional de todos los tiempos en quince millones de dólares. De esa cantidad, nuestros cuatro candidatos combinados gastaron menos de medio millón de dólares. ¡Nos gusta pensar que el nivel sin precedente de participación de adolescentes tuvo algo que ver con el nivel sin precedentes de gasto que se necesitó para ganarnos!

Poco tiempo después del final de las campañas, Heidi nos escribió para contarnos lo que sentía que Dios había estado haciendo en su vida:

> Durante toda esta campaña, Dios ha estado haciendo cosas increíbles. ¡Creo que he crecido más en estos últimos meses que en todo el año anterior!
>
> Me reí cuando oí por primera vez la frase «haz cosas difíciles». Eso es exactamente lo que Dios comenzó a enseñarme con el comienzo de la campaña, y no se ha detenido con las primarias. Él ha tomado mi perspectiva de mis propias capacidades y la ha extendido tres veces más alrededor de una perspectiva nueva y mayor.
>
> Creo que he asombrado de manera profunda a mi familia al hacer cosas que ellos (y yo) nunca imaginaron que haría. ¡Es sorprendente lo que podemos hacer si confiamos lo suficiente en Dios para salir de nuestra zona de comodidad!

Miramos atrás con gratitud, entendiendo que ganamos mucho: aprender a confiar en Dios, por ejemplo, o descubrir que salir de nuestras zonas de comodidad nos ayudó a crecer, o a entender que, juntos, los jóvenes pueden lograr mucho más de aquello por lo que nuestra cultura nos da el mérito. El trabajo en las campañas nos enseñó que no intentarlo nunca es mucho peor que perder. Y experimentamos de primera mano que todo el esfuerzo, incluso el esfuerzo fallido, produce músculo. Es más, debido a nuestro trabajo en Alabama, la agenda para la Rebelución de la que habíamos estado hablando en nuestra casa pasó a tener un enfoque más preciso, particularmente lo que comenzamos a denominar los tres pilares de la Rebelución: carácter, competencia y colaboración (pero después hablaremos más al respecto).

Las dos primeras etapas de nuestra rebelución personal (las prácticas y las campañas) nos habían llevado desde la experiencia personal de dos adolescentes hasta la experiencia comunitaria de muchos.

La siguiente etapa nos lanzó a la experiencia virtual de millones.

El crecimiento de la Rebelución

Cuando llegamos a casa desde Alabama, estábamos emocionados por volver a enfocarnos en la comunidad en línea que había continuado formándose. En seguida decidimos que necesitábamos llevar el blog al siguiente nivel: lanzar una página web que ofreciera recursos adicionales y maneras en que los rebelucionarios se relacionasen unos con otros.

En realidad, nunca planeamos tener toda una página web propia. A pesar de todo, la comunidad ya estaba ahí, y por eso parecía algo natural que le siguiera la página web. Contratamos a un amigo para que hiciera la codificación en nuestro lugar, mientras nosotros diseñábamos todo y decidíamos dónde debía ir. Para obtener un aspecto nuevo por completo, la página web presentó foros de discusión, enlaces a cientos de otros artículos de estupendos autores (pasados y presentes), y una sección de conferencias que bosquejaba nuestro plan de realizar cuatro actividades regionales durante 2007. Al cabo de semanas de planificación y varias noches sin dormir, la página web se presentó el 28 de agosto de 2006: el primer aniversario del blog La Rebelución.

Fue la primera vez que creábamos una página web, pero fuimos capaces de incorporar a otros muchachos de todo el país (y hasta de fuera del país) para que nos ayudaran a tener listo el proyecto a tiempo. Alex King, un muchacho de dieciséis años de Maine, Alex Poythress, de diecisiete años de Alabama; y David Boskovic, de diecisiete años de Canadá, se iban a dormir tarde y se levantaban temprano para dar los toques finales a la página web, de modo que pudiera presentarse a las seis de la mañana.

Entonces, esperamos para ver qué sucedería.

La respuesta fue instantánea y abrumadora. A pesar de que no habíamos hecho casi nada para promover la puesta en marcha, nuestro tráfico saltó de unas dos mil doscientas visitas el día anterior a doce mil ochocientas visitas el día de su presentación: un aumento del cuatrocientos ochenta por ciento en el tráfico de la noche a la mañana. Ya no era blog con un aspecto genérico. Era toda una comunidad en línea.

La rebelión contra la rebelión

Han pasado varios años desde que nuestro papá puso aquel gran montón de libros sobre la encimera de la cocina y detuvo en seco nuestro verano sin motivación. Desde entonces, nuestra página web ha recibido más de quince millones de visitas de varios millones de visitantes únicos en todo el mundo. Hemos realizado conferencias *Rebelution* en todos los Estados Unidos, y a escala internacional, en Japón. En nuestra última conferencia en Indianápolis en 2007, asistieron más de dos mil cien personas, algunas conduciendo desde muy lejos para estar allí.

Lo que el Señor ha hecho desde el verano de 2005 ha sido increíble. Somos bendecidos por poder participar del viaje. Claro que nos inventamos un nombre para esto, pero la Rebelución es algo que Dios está haciendo en los corazones de nuestra generación, y no algo que creamos nosotros. Por eso el propósito de este libro no es presumir sobre nada que hayamos hecho, sino hablar sobre algo grande que Dios está haciendo en las vidas de jóvenes en todo el mundo, algo que Él también quiere hacer en tu vida.

Si repasas la Historia, encontrarás otros movimientos que comenzaron (o impulsaron) los jóvenes. El problema es que casi todos esos movimientos fueron en realidad revueltas contra la autoridad establecida por Dios (como padres, iglesia o gobierno), y a la larga a muchos los aplastaron o dirigieron hacia otro propósito.

Todos esos intentos revolucionarios fallidos son un registro desalentador con respecto al alcance de los esfuerzos de los adolescentes, pero no para los rebelucionarios. Nosotros no nos revelamos contra instituciones ni tampoco siquiera contra personas. Nuestro levantamiento es contra una mentalidad cultural que cambia el propósito y el potencial de los años de la adolescencia y amenaza con paralizar a nuestra generación. Nuestro levantamiento no estará marcado por revueltas y violencia de masas, sino por millones de adolescentes individuales que con toda tranquilidad escogen darle la vuelta a las bajas expectativas de nuestra cultura.

Esa es nuestra invitación para ti: que te unas a nosotros y a otros adolescentes que se toman en serio cambiar las ideas del mundo con respecto a los años de la adolescencia.

En los siguientes capítulos te mostraremos cómo.

EL MITO DE LA ADOLESCENCIA

La revelación de las bajas expectativas que le roban a nuestra generación

¿Conoces a alguien que tenga un elefante? Nosotros tampoco. Nos criamos con las mascotas normales. Algunas también eran un poco inusuales: ratas, serpientes, patitos salvajes, tortugas, salamandras, un gran búho cornudo y hasta un pequeño ciervo de cola blanca.

Sin embargo, nunca tuvimos un elefante.

Eso no nos hizo dejar de soñar. Solo podíamos imaginarlo: Algún niño presumía: «¡Nuestra familia acaba de conseguir un perro! ¡Un schnauzer... algo de pura raza! ¡Va a buscar cosas, se sienta y hace de todo!».

Nosotros respondíamos: «¡Qué bien! Nuestra familia acaba de conseguir un elefante».

Desde ese momento en adelante, éramos los gemelos que dirigían el parque. «Oye, trae a tu perro de pura raza alguna vez. Apostamos a que nuestra mascota puede sentarse sobre tu mascota».

O algo como eso.

Cuando fuimos creciendo, aprendimos mucho más sobre los elefantes. Por ejemplo, en ciertas partes de Asia, los agricultores siguen utilizando elefantes para realizar mucho de su pesado trabajo. Los elefantes arrancan troncos y árboles de la tierra, largos troncos, y llevan pesadas cargas. También son buenos en eso, no solo porque sean enormes, sino porque también son increíblemente fuertes.

Algunos países realizan «festivales de elefantes» para celebrar la fuerza, la agilidad y la inteligencia de esos potentes animales. Los entrenadores hacen participar a los elefantes en partidos de baloncesto y fútbol... con pelotas gigantes. Los elefantes realizan bailes coreografiados al ritmo de la música. No obstante, la actividad principal es un juego de tira y afloja entre un elefante y cien hombres adultos.

Pensemos en eso por un momento. Nosotros somos medio japoneses, así que digamos que el hombre asiático promedio en esta competición de tira y afloja es de nuestro tamaño: alrededor de sesenta y un kilos. No es demasiado impresionante (estamos trabajando en eso). Aun así, cuando lo multiplicamos por cien, supone unas seis toneladas. Además, los hombres no se limitan a quedarse de pie. Hincan bien los talones y *tiran*.

Aun así, el elefante gana, todas las veces.

Esa información nos hizo cuestionar nuestro sueño infantil de poseer un elefante. Por ejemplo, ¿qué haríamos si nuestro elefante se despertara en mitad de la noche y decidiera que quería visitar a la tía Berta y al tío Dumbo?

Mas adelante aprendimos que los dueños de elefantes en Asia no tienen ese problema. Para evitar que sus elefantes se vayan, tienen una solución sorprendentemente sencilla. Los dueños toman una pequeña cuerda, la atan a un poste de madera en el suelo y la unen a la pata derecha trasera del elefante. Eso es todo.

Desde luego, para el elefante esa cuerda no es otra cosa que un fino cabello. Un tirón y se rompería la cuerda. Una patada y saldría volando el poste. Sin embargo, solo la pequeña cuerda le retiene, y el elefante se queda quieto. No se moverá de ese lugar.

¿Cómo es posible eso? La respuesta es que tiene poco que ver con la pequeña cuerda que rodea el tobillo del elefante, y todo que ver con las invisibles cadenas que rodean la mente del elefante.

A lo largo de los últimos años, en lugar de desear tener un elefante comenzamos a sospechar que nosotros podríamos *ser* elefantes.

¿Pudiera ser que nosotros y la mayoría de los jóvenes que conocemos somos un poco como ese elefante: fuertes, inteligentes, con un potencial increíble, pero de algún modo nos retiene algo tan pequeño como una cuerda? ¿Nos quedamos casi impotentes por una mentira?

Nosotros creemos que es así. Y hemos llegado a creer que una gran parte de lo que nos retiene como generación es una idea que parece inofensiva, pero que tiene un inmenso poder y que denominamos el Mito de la Adolescencia.

Antes de que existiera *MySpace*

La palabra *adolescente* es tan común en la actualidad que casi todas las personas ni siquiera piensan en ella; y si lo hacen, casi nunca es de modo positivo. Según el diccionario, un adolescente es una persona entre los trece y los diecinueve años de edad. Hay bastantes probabilidades de que tú encajes en esa categoría. Como la mayoría de los adolescentes, estudias en la escuela, tienes un perfil en *MySpace* o *Facebook*, y es más probable que tomes fotografías con tu teléfono que con una cámara.

Sin embargo, ¿te sorprendería descubrir que en una época los adolescentes ni existían siquiera? ¿No nos crees? ¿Qué te parece un examen sorpresa?

El primer uso documentado de la palabra *adolescente* fue en:

(a) La primera edición de Tyndale del *Nuevo Testamento* en inglés en 1526.

(b) *Romeo y Julieta* de Shakespeare en 1623.

(c) El *Almanaque del pobre Richard* de Benjamín Franklin en 1739.

(d) El discurso *La vida extenuante* de Theodore Roosevelt en 1899.

(e) Un ejemplar del *Selecciones* en 1941.

(f) Alex y Brett lo inventaron para este libro.

La respuesta es la (e). Así es, la palabra *adolescente* ha estado por aquí menos de setenta años.

Antes de principios del siglo XX, y en realidad a lo largo de la historia, las personas eran niños o adultos. La familia y el trabajo eran las ocupaciones principales del grupo que ahora denominamos adolescentes. Es más, en el año 1900 solo uno de cada diez jóvenes estadounidenses entre los catorce y los diecisiete años de edad asistía al instituto. Un historiador, Friedrich Heer, escribe sobre esa época, centrándose en Europa:

> Alrededor del año 1800, jóvenes de ambos sexos podrían contar con que se les consideraran adultos en cuanto las señales exteriores de pubertad hacían su aparición. Las muchachas llegaban a la edad del matrimonio a los quince años [...] los muchachos podían unirse al ejército prusiano como cadetes a los quince años de edad. Entre las clases superiores, la entrada a la universidad o una profesión era posible a los quince o dieciséis años de edad. La edad para dejar la escuela, y por tanto el fin de la niñez, se *elevó* durante el siglo XIX a los catorce años.

Por lo tanto, ¿cómo era ser un adolescente en ese entonces, antes de que ni siquiera existiera la idea de ser adolescente?

Buena pregunta. Para responderla, nos gustaría presentarte a tres jóvenes de diferentes épocas en el pasado de Estados Unidos. Sus nombres son: George, David y Clara.

George, David y Clara

George nació en el norte de Virginia en 1732 en una familia de clase media. Cuando tenía once años de edad, perdió a su padre. Aunque sus amigos nunca le consideraron muy brillante, él se aplicó a sus estudios y llegó a dominar la geometría, la trigonometría y las matemáticas (piensa en álgebra y cálculo) a los dieciséis años de edad.

A los diecisiete años, George tuvo la oportunidad de dar uso a sus estudios en su primer empleo. ¡Eso sí es un empleo! El agrimensor oficial del recién creado condado de Culpeper, Virginia. Ese no era un trabajo de muchacho, y de seguro que no era trabajo de oficina. Durante los tres años siguientes, George soportó las dificultades de la vida en las fronteras a medida que medía y registraba territorios que antes no tenían datos cartográficos. Sus instrumentos de medición eran pesados leños y cadenas. George era un hombre a los diecisiete años.

David nació en 1801 cerca de la ciudad de Knoxville, Tennessee, donde su padre servía en la milicia estatal. A los diez años de edad, David comenzó una carrera en el mar, sirviendo como cadete de marina en el buque de guerra *Essex*. A los once vio su primera batalla.

A los doce años de edad, a David se le entregó el control de un barco capturado en la batalla, y le enviaron con una tripulación para recuperar el barco y a sus hombres y llevarlos a los Estados Unidos. En el viaje de regreso a casa, el capitán británico capturado se ofendió por recibir órdenes de un muchacho de doce años y anunció que iba a bajar a agarrar sus pistolas (por respeto a su posición, le habían permitido mantenerlas). De inmediato, David envió a decirle que si ponía el pie en cubierta con sus pistolas, le dispararían y le lanzarían por la borda. El capitán decidió quedarse abajo.

Clara nació en Oxford, Massachusetts, el día de Navidad de 1821. Era el bebé de la familia, y le separaban diez años con su siguiente hermano. Era una niña tímida, y le tenía tanto miedo a los extraños que apenas era capaz de hablar. Entonces sucedió algo que cambiaría su vida para siempre. Cuando tenía once años de edad, su hermano mayor, David, se cayó del tejado de un granero y resultó gravemente herido. La joven Clara estaba desesperada y suplicó poder ayudar a cuidarle.

Una vez en el cuarto del enfermo, Clara sorprendió a todo el mundo al demostrar todas las cualidades de una enfermera experimentada. Aprendió mejor que nadie cómo hacer que su hermano se sintiera cómodo. Poco a poco, el médico le permitió que se ocupara de su total cuidado, y su completa recuperación duró dos años.

Un año más tarde, a los catorce años de edad, Clara se convirtió en la enfermera para los hombres contratados por su padre, que se habían contagiado de viruela, y después de más pacientes a medida que la epidemia se extendía por la aldea en Massachusetts donde vivía. A pesar de seguir siendo tímida, su deseo de servir a otros la condujo a vencer sus temores. A los diecisiete años de edad era una exitosa maestra con más de cuarenta alumnos, algunos de ellos más o menos de su misma edad.

A esos tres jóvenes se les dieron niveles cada vez mayores de responsabilidad a edades tempranas, y ellos no solo sobrevivieron, sino que también estuvieron a la altura de la ocasión. Y lo que es más importante, como muestra la cita que mostramos del profesor Heer, *en la época en que vivieron, jóvenes como ellos no eran tan poco comunes.*

La pregunta es: ¿qué cambió? ¿A qué se debe que los jóvenes del pasado pudieran hacer cosas (y hacerlas bien) a los quince o dieciséis años de edad que muchas de las personas de veinticinco a treinta años no pueden hacer en la actualidad?

¿Se debe a que ahora a la gente joven se le denomine «adolescentes»? No exactamente.

La respuesta es que las personas en la actualidad ven los años de la adolescencia con las lentes modernas de la adolescencia: una categoría social de edad y conducta que habría sido ajena por completo a hombres y mujeres no hace mucho tiempo.

El término *adolescencia* significa literalmente «crecer». Eso es cierto en un sentido biológico, al igual que en otros aspectos de la madurez. No tenemos problema alguno con eso, y ni siquiera con la palabra misma; observarás que seguiremos utilizando mucho la palabra *adolescente*. El problema que tenemos es con el entendimiento actual de la adolescencia que permite, fomenta y hasta forma a los jóvenes para seguir siendo infantiles durante mucho más tiempo del necesario. Nos limita de lo que *podríamos* hacer, de lo que Dios *querría* que hiciéramos y hasta de lo que nosotros *querríamos* hacer si saliéramos de las bajas expectativas de la sociedad.

Para el poderoso elefante, una cadena es como una fina cuerda. Para los jóvenes en la actualidad, una generación poderosa, con educación y bendecida en especial, nuestras cadenas se ocultan en ideas sencillas y mortales como «adolescencia» y «adolescente».

¿Estás preparado para liberarte al cambiar tu modo de pensar?

La historia de ti (a partir de cien años atrás)

A fin de entender el concepto moderno de «adolescente», tenemos que regresar en el tiempo solo cien años. En esa época, alrededor del año 1900, se aprobaron multitud de leyes para reformar el trabajo y la escuela en un intento por proteger a los niños de las difíciles condiciones en las fábricas. Esas leyes eran buenas porque las condiciones habían sido brutales, y la salud y la educación de los niños sufrieron. Lo lamentable es que las leyes tuvieron algunas consecuencias no intencionadas y de largo alcance. Al eliminar por completo a los niños del mercado de trabajo y obligar la asistencia a la escuela hasta el instituto, el papel antes establecido de los adolescentes como productores y contribuyentes clave llegó a su fin. De repente, su papel fue casi exclusivamente el de consumidores.

Los jóvenes quedaron atascados de repente en una categoría mal definida entre la niñez y la madurez. A los jóvenes como George, David y Clara los desalentaron. En su lugar, se inventó el «adolescente»: una persona joven con la mayoría de los deseos y de las capacidades de un adulto, pero pocas de las expectativas o las responsabilidades.

Cuando estábamos estudiando este tema, nos encontramos con un libro sobre el origen de las palabras titulado *America in So Many Words*. Lee lo que dice acerca de la palabra *adolescente*.

En la primera parte del siglo XX hicimos un descubrimiento sorprendente. ¡Había adolescentes entre nosotros! Hasta entonces, habíamos pensado en las personas solamente en dos etapas: niños y adultos. Y aunque la niñez podría tener sus momentos tiernos, el objetivo del niño era crecer lo antes posible, a fin de poder disfrutar de las oportunidades y compartir las responsabilidades de un adulto. La niña se convertía en la mujer, el niño se convertía en el hombre. Era tan sencillo y tan importante como eso [...]

[Sin embargo,] las reformas de principios del siglo XX, que evitaban el trabajo infantil y hacían obligatoria la educación hasta el instituto, alargaron los años antes de la madurez. En épocas anteriores, una persona llegaba a la edad adulta a los trece o catorce años de edad y estaba preparada para realizar trabajo de adultos. Ahora, el tamaño de adulto se alcanza antes que nunca, pero la preparación para las responsabilidades de adulto perdura hasta los dieciocho años o más.

Así, esos años se convirtieron en algo nuevo y distintivo [...] El adolescente recreó nuestro mundo. El concepto es [...] subversivo: ¿por qué debería cualquier adolescente que disfruta de libertad someterse a la autoridad de los adultos? Con el descubrimiento de esta nueva etapa, el nuestro ha sido el siglo de los adolescentes desde entonces.

Piensa en esa última frase: «el nuestro ha sido el siglo de los adolescentes desde entonces». ¿No es eso justo lo que ha sucedido? Varias industrias, películas, música, moda, comida rápida e incontables servicios en línea giran en torno a los hábitos de consumo de, ya lo has adivinado, los adolescentes.

Con todo ese dinero y esa atención enfocados en los adolescentes, los años de la adolescencia se consideran cierto tipo de vacaciones. La sociedad no espera mucho de ninguna cosa entre los jóvenes durante sus años de adolescencia, a excepción de problemas. Y de seguro que no espera competencia, madurez, ni productividad. La parte más triste es que, a medida que la cultura que los rodea ha llegado a esperar cada vez menos, los jóvenes han descendido hasta cumplir con esas bajas expectativas. Debido a que la mayoría de nosotros ha crecido rodeada por esas bajas expectativas, cumplir con ellas es como respirar para nosotros... ni siquiera lo pensamos. Además, nunca nos damos cuenta de lo que hemos perdido.

Como lo expresara un experto en educación: «Nuestro techo actual para los alumnos está mucho más cerca en realidad de donde debiera estar el suelo». Piensa en eso. Lo máximo que nuestra sociedad espera de los adolescentes está en verdad mucho más cerca de lo menos que deberíamos esperar. ¿Te parece eso radical? A nosotros nos parece muy cierto. Y no solo en la escuela, sino también en todos los aspectos de nuestra vida.

Por lo tanto, ¿hasta dónde han caído las expectativas?

Hacer nuestra cama (y otras hazañas de valor)

Hace poco, decidimos escribir en Google las palabras *adolescentes* y *expectativas* para ver lo que salía. Los resultados fueron mucho más entretenidos de lo que nos habríamos imaginado.

La mayoría de los buscadores en la red tiene un cuadro de búsqueda de Google incorporado, y cuando tecleas los términos que buscas, te da sugerencias de búsqueda basadas en las palabras que se utilizan con más frecuencia. Las siguientes son algunas de las sugerencias que nos dio cuando probamos en Google con las palabras *adolescentes* y *expectativas*:

- adolescentes y drogas
- adolescentes y alcohol
- adolescentes y tabaco
- adolescentes y bebida
- adolescentes y mariguana
- adolescentes y teléfonos celulares

¡Incluso Google tiene bajas expectativas para los adolescentes! De todos modos, hicimos nuestra búsqueda.

El resultado principal fue sobre los adolescentes y el consumo de drogas y alcohol. Otra fue de un artículo titulado «Guía de supervivencia a los años de la adolescencia para padres». Sin embargo, lo que en realidad resaltó para nosotros fue un artículo sobre la responsabilidad de los años de la adolescencia al establecer expectativas.

El artículo parecía prometedor, así que hicimos clic en el vínculo: «Cuando desarrolla formalmente un conjunto de expectativas para su hijo adolescente, comienza a preparar a su hijo adolescente para tener éxito en cumplir con esas expectativas». Por eso pensamos: *¡Esto es estupendo!*

Aunque quizá no.

El autor procedía a enumerar expectativas sugeridas para los adolescentes, divididas por grupos de edad. En primer lugar, preadolescentes y adolescentes jóvenes, de edades entre diez y catorce años. Se espera de ti que...

- hagas tu cama cada día
- seas capaz de tomar un mensaje en el teléfono
- limpies tu cuarto cada semana (con la ayuda de mamá y papá)

Después vienen los adolescentes mayores, de quince años o más. Además de todo lo que hay en la lista de los adolescentes más jóvenes, se espera de ti que...

- hagas una tarea diaria [solo una], como sacar la basura
- te asegures de que el tanque de gasolina esté por encima de un tercio
- limpies tu cuarto cada semana (sin la ayuda de mamá y papá)

El artículo también incluye palabras de aliento para los padres con respecto a la lista: «Por favor, no sienta que su hijo adolescente debería hacerlas todas». *¡Uf!* ¡Aquí ya empezábamos a preocuparnos!

El autor tiene buenas intenciones. Y la realidad es que, para algunos adolescentes, cumplir con esas bajas expectativas podría requerir una gran cantidad de esfuerzo. Con todo y eso, consideremos por un momento hasta dónde han caído las expectativas. Se esperaba de George, de diecisiete años de edad, que soportara las dificultades de la vida en las fronteras como agrimensor. ¿Y se espera de nosotros que soportemos las dificultades de lavar los platos de la cena?

Se esperaba de David, de doce años de edad, que llevara de regreso con éxito un barco, a su capitán y a su tripulación a los Estados Unidos. Se espera de nosotros que volvamos a poner en su lugar apropiado nuestra almohada, nuestras sábanas y nuestras mantas en la cama. David tuvo éxito. ¿Lo tuviste tú esta mañana?

Así hemos llegado al punto en que las personas esperan menos de los adolescentes de lo que esperan de los niños que gatean. Piénsalo. ¿Por qué los bebés, con capacidades motoras inferiores, menor capacidad de razonamiento y menor fuerza física, experimentan casi el cien por cien de éxito en vencer desafíos difíciles, mientras que los adolescentes fracasan a menudo? Bien, de unos se espera, y de los otros no.

¿Por qué se espera de todos los bebés sanos que aprendan a caminar a la vez que muy pocos adolescentes han aprendido a bailar? De uno se espera, y del otro no.

¿Por qué todos los bebés sanos se sobreponen a barreras de comunicación aprendiendo a hablar mientras que muy pocos adolescentes se sobreponen a las barreras entre ellos mismos y sus padres aprendiendo a comunicarse? De unos se espera, y de los otros no.

Lo cierto es que todos somos susceptibles a las bajas expectativas. Una vez que satisfagamos los requisitos mínimos, tendemos a dejar de empujarnos.

El sorprendente poder de las expectativas

Es probable que conozcas el dicho: «Las ideas tienen consecuencias». Sin embargo, ¿sabías que las expectativas tienen consecuencias? El poder de las expectativas se ha documentado en un estudio tras otro a lo largo de las últimas décadas. Nosotros estamos familiarizados con dos de ellos: uno realizado en una escuela pública de secundaria en San Francisco y el otro en un instituto bíblico en nuestra ciudad natal de Portland, Oregón.

Ambos estudios se prepararon de la misma manera. Se les dio a los maestros dos clases de alumnos divididos al azar. Sin embargo, se les dijo a los maestros que una de las clases estaba formada por los alumnos mejores y más brillantes de la escuela y que la otra clase estaba formada por los alumnos más lentos o promedio. Con eso, los maestros comenzaron a enseñar. ¿Y sabes lo que sucedió?

Todas las relaciones de los maestros con los alumnos recibieron la influencia de sus expectativas. Cuando los maestros trabajaban con un alumno en la clase de los «brillantes», insistían con el alumno hasta que este encontraba la respuesta. En cambio, cuando un alumno en la clase de los «lentos» no encontraba la respuesta en seguida, los maestros pasaban a otro alumno. Cuando un alumno en la clase de los brillantes batallaba, los maestros le restaban importancia diciendo que el alumno estaba teniendo un «mal día». No obstante, cuando los alumnos en la clase de los lentos batallaban, solo se debía a que eran lentos.

No pases por alto lo siguiente: estadísticamente, las clases eran las mismas con exactitud. La única diferencia estaba en lo que sus maestros *esperaban* de ellos. Pronto, los estudiantes comenzaron a cumplir con esas expectativas. La clase de los «mejores y más brillantes» comenzó a sobresalir, y la clase de «los más lentos y promedio» comenzó a quedarse atrás.

Como adolescentes, no somos distintos a los alumnos de secundaria y del instituto en esos estudios. Para todos nosotros, las expectativas son una profecía que se cumple a sí misma. En palabras de Henry Ford, fundador de la *Ford Motor Company*: «Si piensas que puedes o piensas que no puedes, tienes razón».

El poder de las expectativas que se cumplen a sí mismas tiene impacto en los adolescentes en casi todos los aspectos, y con frecuencia de modo enloquecedor. Tomemos, por ejemplo, el dominio de la tecnología y la actividad sexual. Son dos campos en los que se espera que los adolescentes tengan un alto interés y un alto rendimiento. Tal como predecirías, los niveles de actividad, consumo y hasta obsesión en esos aspectos no tienen precedente. Estamos cumpliendo con las expectativas que nos ponen delante.

¿No es irónico que muchos adolescentes, aunque con un buen nivel en varios lenguajes de computadora (somos considerados establecedores de tendencias), no se espera de ellos que entiendan ni les importen cosas como finanzas personales, política o nuestra fe? Ni siquiera se espera de nosotros que seamos capaces de mantener una conversación inteligente con un adulto.

¿No es algo equivocado cuando a las chicas se les juzga sin cesar por su aspecto físico y se les presiona a ser cada vez más provocativas sexualmente, mientras que rara vez se espere que desarrollen cualidades de carácter y de intelecto más allá de lo superficial?

Cuando entendemos el poder de las expectativas, comenzamos a comprender por qué las cosas han cambiado de modo tan extraordinario y por qué nuestra cultura se ha creído el mito de la adolescencia, sin darse cuenta siquiera de que no tiene que ser verdadero.

Lo que dice la Biblia sobre los adolescentes

Podrías preguntarte lo que la Biblia tiene que decir sobre la adolescencia. La respuesta es sencilla.

Nada.

No encontrarás las palabras *adolescente* ni *adolescencia* en ningún lugar en la Escritura. Y tampoco encontrarás ninguna referencia a un período entre la niñez y los años de madurez. En su lugar, encontrarás al apóstol Pablo escribiendo en 1 Corintios 13:11: «Cuando yo era niño, hablaba como niño, pensaba como niño, razonaba como niño; cuando llegué a ser adulto, dejé atrás las cosas de niño».

Observa lo que no dijo. Él no dijo: «Cuando yo era niño, hablaba como niño, pensaba como niño, razonaba como niño; pero después me convertí en adolescente y me veía como un adulto, pero seguía actuando como un niño». ¡No! Dijo: «Cuando llegué a ser adulto, dejé atrás las cosas de niño».

En otra de sus cartas, Pablo le escribió a un joven pastor en formación: «Que nadie te menosprecie por ser joven. Al contrario, que los creyentes vean en ti un ejemplo a seguir en la manera de hablar, en la conducta, y en amor, fe y pureza» (1 Timoteo 4:12).

Lo que encontramos aquí es clara evidencia de que Dios no tiene dos normas: una para los jóvenes adultos y otra para los adultos. Él tiene altas expectativas para ambos. Donde algunos podrían menospreciar o excusar a los jóvenes adultos, Dios nos llama a ser ejemplos. Donde nuestra cultura podría esperar poco, Dios espera grandes cosas.

Por lo tanto, ¿de quién son las expectativas por las cuales vivimos? La Biblia dice: «No se amolden al mundo actual» (Romanos 12:2). Cuando permitimos que las expectativas culturales se conviertan en nuestra norma, consentimos que nos metan en un molde con poco espacio para el carácter o la competencia semejantes a Cristo.

Como hemos visto en este capítulo, y como sin duda sabrás por experiencia personal, vivimos en una cultura que quiere decirnos cómo actuar, cómo pensar, cuál debe ser nuestro aspecto y cómo hablar. Nos dice qué ropa llevar, qué comprar y dónde comprarlo. Nos dice qué soñar, qué valorar, la razón por la cual vivir... y no es Cristo. Para citar un viejo anuncio de la *Pepsi* de los años noventa: «Sé joven. Diviértete. Bebe *Pepsi*». *Nike* nos dice: «Tan solo hazlo». *Sprite* nos dice: «Obedece a tu sed». ¿Y quién no ha oído la broma de que el noventa y dos por ciento de los adolescentes estaría muerto si Hollister, que establece tendencias, decidiera que respirar no estaba de moda?

Donde las expectativas son altas, tendemos a elevarnos para cumplirlas. Donde las expectativas son bajas, tendemos a descender para cumplirlas. Aun así, eso es justo lo contrario de lo que se nos dice que hagamos en 1 Corintios 14:20: «Hermanos, no sean niños en su modo de pensar. Sean niños en cuanto a la malicia, pero adultos en su modo de pensar». Nuestra cultura dice: «Sean maduros en la maldad, pero sean infantiles en sus pensamientos y en su conducta».

Desde luego, a veces *nos gusta* poder hacer cosas que sabemos que no deberíamos hacer, o salir del paso con algo menor a nuestro mejor esfuerzo. Escuchamos nuestras decisiones porque eso es lo que se supone que hacen los adolescentes, o pensando: *Bueno, no soy tan malo como algunas personas que conozco.* Seguimos la corriente. Hacemos lo que resulta fácil: sin duda, no hacemos cosas difíciles.

¿La consecuencia? Desperdiciamos algunos de los mejores años de nuestra vida y nunca alcanzamos el pleno potencial que nos ha dado Dios. Nunca intentamos cosas que nos desafiarían, nos harían crecer y nos fortalecerían. Terminamos quedándonos débiles y poco preparados para el increíble futuro que podría haber sido. Nos gusta la libertad que nos dan las bajas expectativas, pero nos están robando en realidad.

Como te mostrarán las historias de este libro, desperdiciar nuestros años de adolescencia no es lo que la mayoría de nosotros quiere *en realidad*. Y tampoco es lo que Dios quiere para nosotros.

Rompe la cuerda

¿Recuerdas a nuestro elefante en la India, encadenado solamente por un pedazo de cuerda y un poste de madera en el suelo? ¿Qué está sucediendo? ¿Por qué no se libera el elefante? La fuerza está ahí. ¿Por qué no la utiliza?

Así es como funciona. Cuando el elefante es pequeño aún, su dueño lo separa de su madre y lo encadena a un árbol grande, con una cadena pesada alrededor de su pata derecha trasera. Durante días y semanas, el joven elefante se esforzará y tirará, intentando liberarse, pero lo único que consigue es hacer que la cadena haga profundos cortes en su pata. Al final, tira la toalla y acepta la idea de que no puede ir a ninguna parte cuando haya algo que rodee su pata derecha trasera.

Poco después, el dueño puede sustituir el árbol por un poste y la cadena por un trozo de cuerda. Cuando el elefante siente resistencia, se detiene. No hay otra cosa, sino un pedazo de cuerda alrededor de su tobillo, pero hay pesadas cadenas alrededor de su mente.

En este libro esperamos demostrar que nosotros, Alex y Brett, tú, adolescentes en todas partes, somos como el elefante. Tenemos una fuerza demostrada y un potencial que nos ha dado Dios, el potencial de hacer cosas difíciles e importantes, pero seguimos estando cautivos por una mentira. Nos han condicionado para creer lo que es falso, para detenernos cuando las cosas se pongan difíciles y para perdernos el increíble propósito de Dios para nuestros años de adolescencia.

En los capítulos que siguen queremos mostrarte que en tu interior quieres hacer cosas difíciles, que te crearon para hacer cosas difíciles, y más aun, que *puedes* hacer cosas difíciles. Lo que descubrirás es una manera nueva por completo de vivir tus años de adolescencia y de vivir el resto de tu vida. La Palabra de Dios y toda la historia demuestran que somos mucho más capaces de lo que pensamos. Este mundo intenta atraparte atando su patético trozo de cuerda alrededor de tu tobillo. Nosotros queremos ayudarte a romper la cuerda.

Esto es lo que denominamos la Rebelución: eliminar las cadenas de mentiras y de bajas expectativas, y hacer regresar a nuestra generación a un entendimiento verdadero y muy emocionante de los años de la adolescencia, no como unas vacaciones de la responsabilidad, sino como un trampolín para el resto de nuestras vidas.

¿Qué aspecto tiene eso? Lo descubriremos en el capítulo 4.

UN CAMINO MEJOR

La reclamación de la adolescencia como la rampa de lanzamiento de la vida

Raymond tiene dieciocho años de edad y vive en Baltimore, Maryland. Sus padres se divorciaron cuando él tenía catorce años, y Raymond está metido en todo lo que pudieras pensar: tabaco, bebida, drogas... incluso en tráfico de drogas. Se traslada de casa en casa, chocando con varios amigos, y ha luchado por mantener hasta los empleos más básicos.

Cuando observa la dirección que ha tomado su vida, expresa arrepentimiento. «Cuando comencé el instituto, mi entendimiento era algo como: "Vaya, este es el período de irse de fiesta. Es el instituto, y se supone que todos hacen fiesta en el instituto". No sé», dice. «Me gustaría no haber pensado eso».

Raymond insiste en que no va a estar toda la vida consumiendo drogas. Tiene planes de enmendarse, obtener su título de bachillerato y seguir adelante con su vida. Algún día espera tener un negocio de venta de autos y vender BMW. Para ayudar a mantener vivo su sueño, se suscribe a *duPont Registry*, una revista sobre autos de lujo, casas y barcos. Cuando sea mayor de edad, también tiene planes de ir más a la iglesia.

«Pienso en mi futuro algunas veces en la semana», dice. «¿Qué quiero hacer con mi vida? ¿Quiero quedarme sentado y ser un fumador de mariguana toda mi vida?». No, dice.

Sin embargo, ¿por qué no cambia ahora?

Raymond responde: «No lo sé. He pensado en eso, pero en cierto modo lo veo como el verano para tener diversión y fiestas, porque tengo dieciocho años, y no tengo que preocuparme por vivir bajo el techo de mi mamá, de modo que puedo estar por ahí todo lo que quiera. Así que pienso: "Este será un verano para divertirse; voy a ir a fiestas y divertirme este verano". Después de eso, quiero enmendarme, estar limpio y mejorar mi vida.

»Sin embargo, no quiero que el futuro llegue con demasiada rapidez», añade. «Quiero poder vivir la vida y seguir divirtiéndome».

Es probable que haya un poco de Raymond en todos nosotros. ¿Le ves en ti o en personas que conoces? Sus puntos de vista reflejan el modo de pensar de muchos en nuestra generación. Como tantos adolescentes, supone que tiene mucho tiempo. En cualquier punto en el futuro puede decidir estar limpio, crecer y seguir adelante con su vida como si nada hubiera sucedido.

En cambio, ¿tiene razón al respecto?

¿Es en verdad tan sencillo como pulsar un interruptor, o Raymond está preparado para un rudo despertar? ¿Terminará siendo como uno de esos muchachos que pensaba que estaba obteniendo de la vida todo lo que quería, solo para darse cuenta de que en realidad estuvo desperdiciando sus años de adolescencia y poniendo en riesgo su futuro?

En este capítulo daremos un rápido vistazo a un grupo de personas como Raymond. Es más, hasta les daremos un nombre. Entonces, te mostraremos las inmensas oportunidades que se están perdiendo. Solo a manera de advertencia: vamos a utilizar palabras que tal vez no le gustarían a Raymond. Porque describimos esas inmensas oportunidades como cinco tipos de *cosas difíciles* que tienen la capacidad de lanzarnos desde donde estamos ahora a nuestro mejor futuro posible.

Pero antes, ¿qué queremos decir cuando hablamos sobre ser lanzados?

Fallo en el lanzamiento

Nosotros tomamos lecciones de natación cuando éramos niños, pero al criarnos en el lluvioso norte del Pacífico, no nadábamos mucho en realidad. En otras palabras, no esperes que te demostremos ningún rápido y diestro movimiento ni realicemos locos saltos desde mucha altura. Eso no sucederá.

Una cosa que aprendimos, sin embargo, fue que los trampolines de salto tienen un «punto óptimo». Si das un gran salto y caes justo en el lugar adecuado, el trampolín te lanzará al aire y hacia abajo al agua en un salto perfecto. Eso esperas. Desde luego, si no caes sobre ese punto óptimo, las cosas no saldrán tan bien. Tu cuerpo se estremece, el trampolín da golpetazos, y tú rebotas, te tambaleas y te precipitas en el agua. Puede que te caigas de barriga. Es más, si alguien te está mirando, *tienes garantizado* caer de barriga.

Entonces, volvamos al cuadro completo. ¿Lo ves?

La piscina es tu vida futura. El trampolín es tu vida presente. El Mito de la Adolescencia te haría pensar que ahora es tu tiempo para estar de fiesta junto a la piscina. Sin embargo, el hecho es que ya estás en el trampolín.

El fin del trampolín es lanzarnos, con propósito y precisión, a nuestro futuro. O bien haremos un exitoso salto a la madurez o realizaremos algo parecido a un salto de barriga: un fracaso en el lanzamiento.

En su libro *Pensamientos para hombres jóvenes*, J.C. Ryle escribió: «La juventud es la época de la semilla de la madurez, el período de formación en el pequeño espacio de la vida humana, el punto crucial en la historia de la mente del hombre». En otras palabras, lo que cada uno de nosotros llega a ser más adelante en la vida depende en gran medida de lo que se quiera hacer ahora. ¿Nos estamos tomando eso en serio?

En 1 Corintios 9:24-25, el apóstol Pablo escribe: «¿No saben que en una carrera todos los corredores compiten, pero solo uno obtiene el premio? Corran, pues, de tal modo que lo obtengan. Todos los deportistas se entrenan *con mucha disciplina*. Ellos lo hacen para obtener un premio que se echa a perder; nosotros, en cambio, por uno que dura para siempre» (énfasis añadido).

Estamos convencidos de que los años de la adolescencia es la época primordial que Dios nos ha dado para *entrenarnos con mucha disciplina*. Podemos escuchar a Raymond diciendo: «¡Mucha disciplina! ¡Tienen que estar bromeando!». Aun así, quédate con nosotros.

Proverbios 20:29 dice: «La gloria de los jóvenes radica en su fuerza; la honra de los ancianos, en sus canas». ¿Captaste eso? En ninguna otra época estamos mejor posicionados para decidir en quién nos convertiremos. Nuestra fuerza (mente aguda, cuerpo vigorizado y horarios flexibles) es nuestra gloria. No es probable que volvamos a tener este mismo conjunto de fortalezas. Al optar por utilizar nuestros años de adolescencia para el entrenamiento disciplinado, podemos escoger establecer dirección, desarrollar carácter y acumular impulso para un futuro increíble.

En cambio, ¿qué sucede cuando no utilizamos nuestros años de la adolescencia para el entrenamiento disciplinado? ¿Cómo se ve una caída de barriga en la vida real? Lo lamentable es que no es demasiado difícil descubrirlo.

El aumento de los nidultos

En 2005, la revista *Time* publicó una historia sobre «nidultos»: una nueva raza de adolescentes de unos veintitantos años y más que ofrecen convincente evidencia de que el concepto moderno de la adolescencia no es un estado biológico, sino una mentalidad cultural. No se detiene cuando te gradúas del instituto, ni cuando cumples los veintiuno.

«Todo el mundo conoce a unos cuantos», decía el artículo. «Hombres y mujeres maduros al fin que siguen viviendo con sus padres, que se visten, hablan y van a fiestas como lo hacían en su adolescencia, saltando de empleo en empleo y de noviazgo en noviazgo, divirtiéndose a la vez que, al parecer, no van a ninguna parte».

En general, los nidultos no tienen ni dirección clara mi sentimiento de urgencia. «Desde el punto de vista legal son adultos, pero están en el umbral, la entrada a la edad madura, y no la atraviesan», dice Terri Apter, psicólogo en la Universidad de Cambridge. En otras palabras, están de pie al final del trampolín, pero no saltan.

Y eso no solo sucede en Estados Unidos. Países en todo el mundo han desarrollado nombres para los «jóvenes adultos» como los siguientes: se les llama «arenques» en Inglaterra, «ocupadores del nido» en Alemania o «mamones» en Francia y «freeter» en Japón.

El artículo advierte: «No solo es una tendencia, una moda temporal o un hipo generacional. Es un fenómeno mucho mayor, de un tipo diferente y de un orden diferente».

Sin embargo, no deberíamos sorprendernos. Después de todo, los nidultos son el resultado lógico del Mito de la Adolescencia, el cual alienta a los adolescentes a considerar la edad adulta como el período en que se estropea la diversión de los años de la adolescencia, en lugar de considerarla como el cumplimiento de los años de la adolescencia.

No nos ayuda a lanzarnos hacia la adultez que nos enseñen a evitar la madurez. En el mejor de los casos, nos deja colgando al final del trampolín, atascados en la niñez y la irresponsabilidad de la adolescencia. En el peor de los casos, nos deja luchando para mantenernos a flote en la piscina sin estar preparados para los emocionantes desafíos de la vida.

En julio de 2007, recibimos este correo electrónico, pero representa muchas conversaciones que hemos mantenido con personas de veinte años y hasta de treinta:

> Yo tenía mi propia idea de la diversión, la cual era demasiada lectura recreativa, demasiados videojuegos,

demasiadas de mis propias cosas. Hasta el día de hoy, nunca he conservado un empleo, y sigo viviendo en casa. Mi falta de capacidades para la vida real ha tenido algunas consecuencias muy negativas para una relación que es muy importante para mí.

Cuando era adolescente, los veintiséis años parecían estar muy lejos, pero mis malas decisiones en ese entonces (de no hacer nada) están afectando mi vida ahora de maneras bastante graves.

Soy un ejemplo de cómo las bajas expectativas y del «si es divertido, hazlo» de nuestra cultura pueden echar a perder las cosas, y soy una prueba viviente (al igual que quienes son como yo, que siguen viviendo en casa y haciendo muy pocas cosas, pero que siguen soñando en grande) de que la adolescencia puede extenderse en verdad mucho más allá de los años de la adolescencia.

Los nidultos son el trágico ejemplo del Mito de la Adolescencia en acción. Y las consecuencias no están limitadas a tus años de adolescencia. Después de haber contado la historia de Raymond en una conferencia en Indianápolis, un hombre (es probable que de unos cuarenta y tantos años) se acercó a nosotros. Con lágrimas en sus ojos, nos dijo: «Yo soy Raymond. La historia que nos contaron describe con exactitud quién era yo».

Nos explicó que le fue bien en la escuela cuando era adolescente. Su escuela de segunda enseñanza tenía una estructura de tres clases para cada grado, y él estaba en lo más alto de la clase cada año. Debido a que en la escuela le iba muy bien, pensó que era libre para ir a fiestas y experimentar con las drogas. Sin embargo, han pasado más de veinte años y él *sigue* batallando con las repercusiones.

«Creía que los años de la adolescencia era mi época para las fiestas», dijo. «Y he estado pagando el precio desde entonces. No quiero que los adolescentes cometan el mismo error hoy en día».

La buena noticia es: ¡no tenemos que hacerlo! Como vimos en el capítulo anterior, lo que se considera «normal» en la actualidad es en realidad una cruel excepción: un mito. *No* siempre se ha pensado en los años de la adolescencia como un período para desperdiciar, y no siempre han estafado a los adolescentes con las bajas expectativas. Además, hay esperanza, incluso para los nidultos. Como alentamos a ese hombre en Indianápolis: nunca es demasiado tarde para comenzar a hacer cosas difíciles. William Wilberforce, uno de los más grandes ejemplos de rebelucionario que haya vivido jamás, desperdició los primeros veinticinco años de su vida en fiestas y extravagancia social. Con todo y eso, llegó a ser la firme e inquebrantable fuerza detrás de la abolición de la esclavitud y la emancipación de esclavos en todo el Imperio Británico.

¿Cómo lo hizo? En primer lugar, Dios intervino y cambió su corazón. De inmediato, Wilberforce se llenó de un profundo sentimiento de arrepentimiento, lamentando la «ociosidad carente de forma» de su pasado, «los años más valiosos de la vida desperdiciados y las oportunidades perdidas que nunca pueden recuperarse». En segundo lugar, Wilberforce decidió hacer cosas difíciles. Se lanzó de lleno al estudio y al trabajo serio. Durante más de cuarenta años luchó contra la esclavitud en el Imperio Británico y, mediante sus esfuerzos incansables, vio la abolición poco tiempo antes de su muerte. Un número pequeño de hombres han dejado una marca tan grande en la historia.

Esta es la buena noticia del evangelio. Dios ofrece gracia y redención a quienes tienen pasados desperdiciados. Aun así, nunca demos por sentada la gracia de Dios desperdiciando siquiera un minuto de lo que Wilberforce denominó muy bien «los años más valiosos de la vida».

El genio de las cosas difíciles

¿Recuerdas a George, David y Clara del capítulo anterior? Dejamos a George como agrimensor oficial del condado de Culpeper a los diecisiete años de edad. David estaba a cargo de un barco a los doce años de edad, manteniendo con calma a un capitán rebelde bajo control. Clara cuidaba a pacientes de viruela y supervisaba una clase de alumnos a los diecisiete años de edad. Es evidente que cada uno de ellos utilizó sus años de adolescencia para formarse y lanzarse. ¿Cómo les sirvió?

Después de tres años como agrimensor en Virginia, el gobernador nombró a George en la milicia estatal con un alto rango. Entonces, cuando llegó la noticia de que los franceses estaban entrando en territorio de Ohio, George recibió la orden de dirigir una expedición en mitad del invierno a lo largo de cientos de kilómetros para evaluar su fuerza y advertirles que se marcharan; lo cual él hizo con éxito.

A los veintidós años, George había sido ascendido a teniente coronel, y a los veintitrés era comandante en jefe de toda la milicia de Virginia. Puede que también hayas oído acerca de lo que hizo más adelante en la vida. Después de veinte años, George llegó a ser Comandante en Jefe del Ejército Continental en la Guerra de la Independencia, convirtiéndose al final en el primer presidente de los Estados Unidos: George Washington.

El nombre completo de David era David Farragut, el primer almirante de la Marina de Estados Unidos y un héroe durante la Guerra de Secesión. Su valentía ante el pesado fuego enemigo en la batalla de la bahía de Mobile le hizo ganarse una fama duradera; pero estaba lejos de ser su primer acto de valentía. Se había estado preparando para ese momento desde sus días de niñez como cadete en el *Essex*.

Clara es más conocida como la fundadora de la Cruz Roja estadounidense: Clara Barton. Su deseo de servir a los demás comenzó cuando tenía once años de edad, cuidando de su hermano David, y fue madurando a partir de allí: para los enfermos en su pueblo, para los niños en la escuela donde enseñaba, para miles de hombres heridos en la Guerra de Secesión y, más adelante, para millones a través de la Cruz Roja estadounidense.

Hay una razón para que sigamos conociendo los nombres y las historias de hombres y mujeres como George Washington, David Farragut y Clara Barton. Ellos invirtieron sus años de adolescencia de tal modo que les transformó en quienes hicieron historia más adelante.

Es probable que no te sorprenda escuchar lo que llegaron a ser George, David y Clara. Eso se debe a que todos nosotros sabemos que los años de la adolescencia no son algún período místico desconectado del resto de nuestras vidas. Para bien o para mal, esos años nos lanzarán al futuro... nuestro futuro.

En las historias de George, David y Clara vemos que la aceptación de la responsabilidad y los desafíos en los años de su adolescencia fue genial. ¿Por qué genial? Porque hacer cosas difíciles como adolescentes les preparó para vidas de un impacto increíble, vidas que llegaron con las cosas difíciles adicionales que no habrían sido capaces de lograr de otro modo.

Necesitamos ser sinceros con nosotros mismos. ¿Nos está preparando el modo en que empleamos nuestro tiempo ahora para lo que esperamos llegar a ser en el futuro? ¿Estamos haciendo cosas ahora que nos equiparán para las cosas mayores que Dios puede tener para nosotros? Esas son las preguntas fundamentales para este período de nuestra vida.

Un historiador dijo una vez que George Washington «llegó a ser el hombre que él se esforzó por ser». Esa afirmación no es solo cierta de Washington; también es cierta de nosotros. Todos llegaremos a ser los hombres y las mujeres que nos esforcemos (o no nos esforcemos) por ser.

George, David y Clara pusieron en práctica el consejo del Antiguo Testamento: «Bueno es que el hombre aprenda a llevar el yugo desde su juventud» (Lamentaciones 3:27). Como jóvenes, se crearon el hábito de vencer obstáculos, forjando la determinación y el carácter que les capacitó para el resto de sus vidas. De nuevo, eso no debería sorprendernos. Al fin y al cabo, así es que funciona el esfuerzo. Ese es el genio de escoger hacer cosas difíciles.

Concluiremos este capítulo viendo lo que queremos decir con «haz cosas difíciles».

Cinco tipos de cosas difíciles

Llamamos a las siguientes cinco categorías «los cinco tipos de cosas difíciles». No son secretas, místicas, ni útiles solo para algunos, ni siquiera solo para los adolescentes. Son oportunidades dadas por Dios y capacitadas por principios dados por Él que le dan resultado a todo el mundo. Si nos lanzamos a esas oportunidades ahora, veremos poderosos resultados, tanto ahora como en nuestro futuro. Los ejemplos que citamos bajo cada una de las categorías son solo eso: ejemplos. No tienen la intención de definir de manera exhaustiva las «cosas difíciles» para ti, sino más bien darte un cuadro de la increíble variedad de cosas difíciles que tenemos a nuestra disposición para poder hacer.

Por lo tanto, aquí vamos. Cinco tipos diferentes de cosas difíciles:

1. Cosas que *están fuera de tu zona de comodidad*. Podrían incluir actividades como hablar en público, aprender una nueva capacidad o desarrollar una antigua, viajar a nuevos lugares o conocer a nuevas personas; cualquier cosa que te saque de la rutina de tus actividades normales diarias y semanales. Esos actos pueden desafiarnos porque son poco conocidos o incluso dan miedo, pero la mayoría de las veces se convierten en algunos de nuestros mejores recuerdos, y siempre terminan haciendo crecer nuestras zonas de comodidad para el futuro.

2. Cosas que *están más allá de lo que se espera o se requiere*. Por ejemplo, digamos que solo necesitas un suficiente para aprobar una asignatura, pero tu objetivo es el sobresaliente. No te contentas con «no hacer mal»; *te propones* hacer el bien. Podrías prestarte como voluntario

para limpiar después del desayuno de la iglesia, quedarte hasta tarde trabajando sin remuneración para ayudar a un amigo a terminar una tarea, o realizar tareas del hogar que ni siquiera te han asignado. Esos actos son difíciles porque descansan por entero en nuestra propia iniciativa. Ninguna persona nos obligará a hacerlos. Debido a eso, siempre son los logros con los que nos sentimos mejor.

3. Cosas *que son demasiado grandes para lograrlas solos.* Por lo general, son grandes proyectos como organizar una convocatoria, hacer una película, formar un ministerio de adolescentes para los desamparados, cambiar las normas de tu escuela sobre un asunto clave, hacer campaña para que se vaya un locutor ofensivo o comenzar una banda. También podrían incluir causas grandes *de verdad* como luchar contra la esclavitud moderna, el aborto o la pobreza y el SIDA en África. Somos apasionados con respecto a esas causas porque Dios las ha puesto en nuestros corazones. A fin de ser eficientes en estos tipos de proyectos, debemos ser capaces de hablarles de nuestra pasión a otros y reclutarlos para que trabajen a nuestro lado.

4. Cosas *que no proporcionan una recompensa inmediata.* Son tareas como luchar contra el pecado, hacer ejercicio, hacer las tareas escolares y obedecer a tus padres. Son difíciles porque no verás mucho progreso de un día para el otro y porque, sobre todo en el momento, puede parecer que serías más feliz si no las hicieras. También son a menudo tareas que nadie ve y que no te hacen ganar reconocimiento ni elogios; cosas como ser fiel en tus disciplinas espirituales, emplear energía en buenos hábitos de estudio o conducir siguiendo el límite de velocidad (incluso cuando estás retrasado). Las hacemos porque son adecuadas, no porque tengan una recompensa inmediata. En todos los casos nos irá

mejor a largo plazo, aunque las cosas sean «difíciles» o desagradables a corto plazo.

5. Cosas *que desafían la norma cultural*. Estas decisiones van en contra de la corriente: vestirse con modestia, decirle no a la relación sexual antes del matrimonio, adoptar posturas impopulares sobre asuntos como la homosexualidad y el aborto, negarse a ver películas clasificadas para adultos, hablarles a otros del evangelio o vivir como un evidente cristiano. Estas decisiones son difíciles porque pueden costarte popularidad y amistades. En algunos países, pueden llegar a costarte la vida. A fin de lograr cosas en esta categoría, tenemos que preocuparnos más por agradar a Dios que por agradar a las personas que nos rodean. Sin embargo, los beneficios son inmensos: si las hacemos, podemos cambiar el curso de la historia.

Comenzando en el capítulo siguiente, hablaremos en profundidad de cada una de estas categorías. Te ayudaremos a vencer los obstáculos sociales que se interponen entre el logro de esas cosas difíciles y tú mismo. Y te mostraremos el modo en que los adolescentes en todo el mundo están intentando y logrando cosas difíciles y emocionantes para Dios.

Conocerás a una muchacha de quince años cuya pequeña idea lanzó un proyecto en línea que impacta a miles de personas en todo el mundo; a un muchacho de quince años que recaudó más de veinte mil dólares con un grupo de cuatro amigos para proporcionarles agua potable a niños en el África; a una persona de diecinueve años que dirige una banda que está nominada a los premios Grammy; y a muchos otros adolescentes que llevan vidas rebelucionarias en sus casas, en la escuela, en la iglesia y en sus comunidades. Esos jóvenes se están rebelando contra las bajas expectativas y están decidiendo obtener todos los beneficios posibles de sus años de adolescencia de maneras creativas, responsables y muy eficaces.

Mientras leías las cinco categorías, es probable que pensaras en algunas cosas difíciles que ya has hecho tú. Si es así, te pedimos que te lances a hacer esas cosas con un nuevo nivel de pasión porque son desafíos únicos que Dios ha preparado para ti, pues te crearon para hacerlas. Te pedimos que no vivas tu vida más fácil, sino tu vida mejor según Dios.

Cinco sencillas decisiones, pero llenas de poder, ayudan a que esto sea posible. Eso es lo que vamos a ver a continuación.

SEGUNDA PARTE

CINCO TIPOS DE COSAS DIFÍCILES

5

ESE ATERRADOR PRIMER PASO

Cómo hacer cosas difíciles que te sacan de tu zona de comodidad

Te presentamos a un muchacho que conocemos y que se llama Tyler. Tyler pensó en graduarse temprano del instituto, pero no estaba seguro si podría hacerlo. Así que no lo hizo. Después del instituto tuvo varias ideas para comenzar negocios, pero no quiso arriesgarse a perder el poco dinero que tenía si le iba mal, así que decidió esperar. Consideró ir a la universidad para estudiar ingeniería ambiental, pero tuvo temor a poder cambiar de opinión a lo largo del camino, así que se quedó en casa.

Ahora Tyler tiene veintiún años de edad, y no ha fracasado en nada. Es más, no ha *hecho* nada en realidad. Ha perdido una oportunidad tras otra de madurar, explorar, descubrir y ser más fuerte.

La vida está llena de cosas que dan miedo. Comienzas tu primer día del instituto. Das tu primer discurso. Te casas. Ciertos hechos marcan pasajes importantes en nuestras vidas. Antes de cada hecho eras una persona, y después eres otra. Sin embargo, Tyler se ha pasado la vida evitando tales primeras cosas. ¿El resultado? En esencia, es la misma persona que ha sido siempre.

Este capítulo habla de hacer cosas difíciles que te llevan desde el «antes» hasta el «después». En especial, vemos el paso que hace posible esas primeras cosas, el paso que te lleva desde la relativa seguridad de tu zona de comodidad hasta el aterrador territorio que está fuera de ella. Con solo pensar en dar un paso como ese hace, que muchos de nosotros nos aterremos, luchemos y nos quedemos paralizados. Imaginamos que monstruos de terror, vergüenza y dolor nos comerán vivos. No obstante, si lo hacemos de todos modos, tendremos ganas de celebrar.

Nosotros dimos ese paso hace más de dos años, a «lo nuevo», dejando atrás las viejas rutinas. Ahora, debido a esas experiencias, somos personas diferentes; nos hemos transformado de maneras que, tristemente, Tyler nunca ha experimentado.

Hacer cosas difíciles fuera de tu zona de comodidad es lo primero en nuestra lista de cinco cosas difíciles que pueden comenzar una rebelución en tu vida, pues por tonto que parezca, dar ese primer paso fuera de tu zona de comodidad es siempre la «cosa difícil» más aterradora de todas. También lo pusimos en primer lugar porque ese aterrador primer paso *siempre* es necesario si queremos intentar hacer cualquiera de las otras cosas difíciles de las que hablaremos más adelante.

En nuestra familia, nos gusta recordar (y reírnos) sobre un inmenso paso hacia adelante que Brett dio hace un poco más de diez años. Él luchó con valentía, agitó los brazos y por poco se ahoga. Aun así, deberíamos dejar que Brett cuente la historia.

Aún recuerdo mi primera ducha. Fue una experiencia horrible. Tenía ocho años de edad...

Yo no pedí que me ascendieran desde Tomador de Baños Jr. hasta Tomador de Duchas de Primera Clase, pero un día mis padres se dieron cuenta: «Ya tiene ocho años, ¡y sigue tomando baños!». Sin embargo, los baños era todo lo que había conocido. Los baños eran hazañas tranquilas y ordenadas en las que el agua estaba con seguridad por debajo de mi cuello, y si no chapoteaba demasiado, se quedaba por debajo de mi cuello y fuera de mis ojos.

No ayudó que a Alex le encantaran las duchas.

Antes de que yo pudiera objetar ese día, me encontré vestido nada más que con mi traje de baño y mirando con fijeza a la temida ducha. Señalaba hacia mí como si fuera la pistola de un verdugo. Entonces, papá abrió el grifo y la ducha comenzó a resonar, y yo ya estaba gritando antes de que cayera la primera gota de agua.

A medida que las gotas de agua hirviendo caían sobre mi piel y se metían en mis ojos, mi nariz y mis oídos, me convencí de que mis padres me aborrecían. ¡No era posible que pudieran quererme! Además, yo no estaba seguro de quererles tampoco.

Fue bueno que viviéramos en el campo. De otro modo, los gritos que salían desde el cuarto de baño del piso superior del hogar de los Harris les habrían dado a los vecinos motivos para llamar al número de emergencia. Cuando mi papá me dejó salir, yo era un muchacho de ocho años furioso, desgraciado y con pulmones empapados.

Eso sucedió hace diez años. Lo divertido es que esta mañana tomé una ducha y no lo pensé dos veces. El agua caliente supuso una buena sensación sobre mi cara. No me preocupé por ahogarme. No aborrecí a nadie.

¿No es increíble que lo que parecía tan imposible cuando yo tenía ocho años sea ahora una parte vital y agradable de mi rutina diaria?

Todos hemos tenido experiencias de «primera ducha»

La historia de la ducha es verdadera. Es una tontería, pero ilustra un punto clave. ¿Puedes recordar algo en tu propia vida que en ese momento parecía sobrepasarte por completo? Quizá fuera tan sencillo como probarte tus zapatos o montarte en una bicicleta sin ruedas pequeñas. Tal vez fuera aprender a leer en la guardería o resolver problemas sencillos de matemáticas en segundo grado. En ese momento, cada una de esas cosas fue un paso importante fuera de tu zona de comodidad. En la actualidad, desde luego, las mismas actividades apenas generan un bostezo.

Por tontos que puedan parecer, cada uno de esos logros demuestra algo muy importante: Si damos un paso a pesar de sentirnos incómodos, temerosos o inadecuados, nuestras zonas de comodidad se expanden. Crecemos en fuerza y capacidad. Lo que consideramos normal para nosotros cambia, a veces de modo radical.

Hablemos de Jared, por ejemplo. Él dio el paso de sustituir al líder de alabanza de su grupo de jóvenes que estaba fuera en un viaje misionero... aun cuando solo había estado tocando la guitarra durante unos meses. Un año después, él dirige la alabanza para toda la iglesia, y su banda espera sacar su primer álbum. Jared dice: «Ese pequeño paso cambió toda mi dirección. Abrió las puertas para que hiciera lo que nunca pensé que fuera posible».

Lo extraño es que incluso cuando los adolescentes experimentan una y otra vez los beneficios de salir de la zona de comodidad, tendemos a responder justo del mismo modo a la siguiente nueva tarea que llegue. Nos resistimos, nos retrasamos, luchamos y gritamos, todo con el fin de evitar salir de nuestras cómodas y pequeñas rutinas. Sin embargo, hay un elevado costo por escoger la comodidad; sin siquiera darnos cuenta, levantamos una valla invisible alrededor de nosotros mismos. No se le permite la entrada a nada desafiante, *aun si tiene el potencial de hacernos libres*. Dentro de la valla están todas las cosas con las que nos sentimos cómodos, cosas que ya hemos hecho de manera exitosa. ¿Fuera de la valla? ¡Ay!

Siempre que les pedimos a los adolescentes que enumeren cosas que estén fuera de su zona de comodidad, surgen temores comunes: hablar en público, intentar algo nuevo (en especial si otras personas están mirando o dependen de ti), viajar a nuevos lugares o conocer a nuevas personas. Ese tipo de cosas parecen difíciles porque son pocos familiares o incluso dan miedo, ¿pero te has dado cuenta? Por lo general, terminan generando nuestras historias favoritas y siendo algunos de nuestros mejores recuerdos.

En noviembre de 2007, nos invitaron a hablar en dos actividades en Japón, incluyendo una conferencia para adolescentes cristianos en Tokio. Esa fue una oportunidad increíble de ministrarle a nuestra generación en una parte del mundo distinta por completo. Aun así, estábamos bastante nerviosos. No solo no habíamos salido nunca del país (nos han dicho que Canadá no cuenta), sino que también íbamos a estar hablando ocho veces: más de las que habíamos hablado nunca antes. Como si eso no estuviera lo suficiente lejos de nuestras zonas de comodidad, trabajaríamos con intérpretes, lo cual sería una experiencia nueva en su totalidad.

Casi todo acerca del viaje era nuevo y poco conocido, desde el «extraño» idioma a los «extraños» cuartos de baño, hasta comer ballena y calamares crudos. En cambio, al final, aunque sin duda no fue fácil, no estuvo ni siquiera cerca de lo difícil que habíamos imaginado. Lo más importante: la ministración que tuvo lugar fue sorprendente, y entablamos increíbles amistades con muchas personas. ¡Ahora queremos regresar en cuanto podamos!

Al volver la vista atrás, lo divertido es que la parte más difícil del viaje fue precisamente la decisión de ir. Cuando nos metimos en ello, fue algo estupendo. Entonces, ¿a qué se debe que nos resulte tan difícil salir de nuestras zonas de comodidad?

Hemos observado que la valla que evita que salgamos de nuestra zona de comodidad casi siempre está construida con temor... el temor a la debilidad, a la incomodidad, al fracaso o a la humillación. Hemos observado también otra cosa: no puedes vivir por temor y vivir por fe al mismo tiempo. Como escribiera Pablo en 2 Timoteo 1:7: «Pues Dios no nos ha dado un espíritu de timidez, sino de poder, de amor y de dominio propio». Y cuando leemos acerca de los héroes de la Biblia que lograron cosas grandes y difíciles para Dios, descubrimos el principal requisito para la tarea: «Sin fe es imposible agradar a Dios» (Hebreos 11:6).

Por fortuna, los temores son casi siempre mentiras bien escondidas. En la siguiente sección echaremos un vistazo a tres poderosas verdades que pueden ayudarte a salir de los temores que te están impidiendo que logres cosas difíciles para Dios.

La salida de tu vieja zona

Piensa en cada una de las tres afirmaciones siguientes de esta sección como «rompedoras de zona». Pon estas inmensas verdades a trabajar en tus decisiones, y entenderás por qué una zona de comodidad es en verdad un lugar lamentable... y cómo puedes escapar de la tuya.

1. Dios obra mediante nuestras debilidades para lograr sus grandes planes

A todo el mundo le gusta sentirse fuerte e inteligente. Eso significa que en cuanto comenzamos a sentir que nos exigen o nos presionan para que pasemos de nuestros límites, pisamos el freno, damos una marcha atrás violenta y regresamos en seguida a nuestra zona de comodidad. ¿Quién quiere arriesgarse a sentirse débil y estúpido?

Alyssa Chua, una rebelucionaria de diecisiete años de edad de las Filipinas, explicó su patrón de esta manera: «Mi zona de comodidad era el lugar donde todas las cosas eran tal como yo quería que fueran; una situación en la que nunca tenía que hacer un esfuerzo extra ni hacer algo difícil; un lugar donde podía quedarme sentada, relajada y disfrutar de mí misma».

Nos dijo que el problema era que cuando se quedaba dentro de su zona de comodidad, se estaba negando, en esencia, a entregarle su vida por completo a Dios; estaba evitando las cosas difíciles que Él la llamaba a hacer.

Alyssa ahora entiende que salir de su zona de comodidad fue determinante. «Fuera de mi zona de comodidad aprendí a confiar en Dios para obtener fortaleza en lugar de confiar en los pequeños placeres de este mundo para sentirme bien. Fuera de mi zona de comodidad descubrí que podía servir a Dios de manera más plena y utilizar todos mis talentos sin reserva alguna para Él».

No sabemos de ti, pero nosotros a cada momento nos encontramos construyendo esa valla invisible (la que mantiene las amenazas fuera y a nosotros dentro). Aumentamos su altura cada vez que decimos o pensamos cosas como las siguientes: «No se me dan bien las matemáticas», «En realidad, no soy organizado, mi cerebro no trabaja de esa manera», o «No tengo don de gentes».

Lo que en verdad estamos diciendo es que no queremos hacer cosas que no nos resulten fáciles o naturales. No queremos romper nuestros temores. Y mediante nuestros actos, también estamos diciendo que Dios no es lo bastante bueno y poderoso como para ayudarnos a hacer lo que no podemos hacer con comodidad por nuestra cuenta.

¡Y esa es una mentira que le encanta al enemigo! (Él también ha leído Hebreos 11:6).

Smith Wigglesworth no aprendió a leer hasta que fue adulto, y fue incapaz de hablar en público durante la mayor parte de su vida debido a una terrible tartamudez. Contra todo pronóstico, venció su impedimento y llegó a ser uno de los evangelistas más grandes de Inglaterra durante sus últimos años, guiando a miles de personas a Cristo.

Podríamos ver su historia y decir: «Qué lástima. Si hablar le hubiera resultado fácil y lo hubiera hecho desde temprano, podría haber tenido mucho más fruto». Sin embargo, Wigglesworth reconoció que las dificultades que venció fueron vitales para la eficacia de su ministerio. Le gustaba decir: «Una gran fe es el producto de grandes luchas. Los grandes testimonios son el resultado de las grandes pruebas. Los grandes triunfos solo pueden salir de las grandes tribulaciones».

Por lo tanto, ¿cuáles son nuestros motivos para quedarnos sentados en el sofá sin hacer nada?

1. No somos tan buenos en algo como otra persona que conocemos.
2. No tenemos todos los recursos que creemos que necesitamos.
3. Pensamos que las posibilidades de fracasar y vernos como unos perdedores son muy altas.

Entonces, ¿ves las ideas erróneas que se ocultan tras todas esas razones? En realidad, estamos diciendo:

1. Dios solo usa a los mejores y a los más brillantes.
2. Él solo nos usa cuando todas las cosas están en su lugar.
3. Él solo trae gloria a sí mismo cuando nosotros... también nos damos gloria a nosotros mismos. (Huy).

Karen Kovaka, de doce años de edad, no era una muchacha con don de gentes. Era la niña de cuatro años que se ocultaba detrás de su mamá en el centro comercial, la niña de siete años que se negaba a salir de debajo de su cama para conocer a los invitados a la cena y la muchacha de doce años que se echaba a llorar cuando le daba la mano a una persona desconocida.

Ahora bien, sus padres la matricularon en una conferencia de *Communicators for Christ* para ayudarle a vencer su temor a las personas. Si Karen hubiera sabido lo que asistir a esa conferencia requería en verdad, habría estado aterrada; resulta que ella no tenía idea alguna de en qué se estaba metiendo.

En esa conferencia, Karen comenzó a dar pequeños pasos fuera de su zona de comodidad y se tropezó con una revelación. Karen nos dice: «No solo aprendí cómo dar una conferencia. También aprendí que la timidez es una forma de egoísmo y que tenía que sobreponerme a mi temor a las personas si quería vivir de verdad en el mundo y demostrar compasión por los demás».

Ese primer paso en la esfera de hablar en público puso el fundamento para un futuro distinto por completo. Después, sus padres la matricularon en una liga nacional de discurso y debate en la que compitió durante cuatro años. Su viaje siguió incluyendo muchas lágrimas, fracasos y experiencias desagradables, pero Karen ha aprendido que la fortaleza de Dios era mayor que su debilidad. Ella decidió competir en las categorías más desafiantes, y en el cuarto año había ganado nueve *rankings* nacionales.

Sin embargo, el éxito en la competición no era el sueño de Karen.

A los diecisiete años de edad, su sueño se hizo realidad cuando la aceptaron para hacer una gira con *Communicators for Christ*, la misma organización que la había inspirado a saltar más allá de sus límites cinco años antes. Con dieciocho años en la actualidad, Karen es asistente personal del director ejecutivo de la organización y ayuda a formar a cientos de jóvenes para vencer su temor a hablar en público y convertirse en comunicadores para Cristo.

«Es sorprendente lo que la juventud puede lograr cuando se despierta a lo que puede ser, y tener, a una edad temprana» dice Karen. «Creo que los jóvenes necesitan saber que es posible, que perseguir sus sueños y objetivos no es algo imposible».

Karen siente que es un testimonio vivo de la capacidad de Dios para cubrir nuestra ineptitud con su suficiencia. «Los jóvenes quieren hacer algo significativo, pero necesitan creer de verdad que pueden hacerlo con la ayuda de Dios».

Resulta que a Dios le encanta tomar a muchachos que tartamudean y a muchachas tímidas y utilizarlos para cambiar vidas para la eternidad. Y no se trata de sentirse fuerte; se trata de obedecer a Dios.

Incluso cuando sientas temor.

2. Valentía no es la ausencia de temor

El temor es la barrera que nos mantiene atascados en nuestra zona de comodidad. Para ser justos, casi siempre sentimos temor por un motivo: con frecuencia, algo *está* fuera que debería hacernos temer. El problema es cuando nos quedamos sentados.

Esperamos.

Y esperamos.

¿Por qué? Bien, estamos esperando a dejar de sentir temor antes de intentar hacer algo. Y solo para ser justos, muchas veces sentimos temor a intentar algo nuevo debido a experiencias dolorosas del pasado. Intentamos salir antes, y nos estallo en la cara. Pusimos todo lo que teníamos en algo que nos importaba, y nuestros esfuerzos se quedaron cortos. No queremos volver a ponernos en una situación embarazosa.

La verdad, sin embargo, es que va a ser una larga espera. Si estamos esperando a que los sentimientos de temor y de incapacidad se vayan, *nunca* nos aventuraremos a salir de nuestra zona de comodidad. Hasta que no demos un paso *a pesar de nuestros temores*, ninguno de nosotros podrá hacer jamás cosas difíciles. Si queremos seguir creciendo y aprendiendo durante el resto de la vida, debemos combatir esos temores, no haciendo que se vayan, sino reconociendo que hay algo peor que la incomodidad, peor que lo desconocido, peor que el fracaso. Lo peor es no intentarlo nunca.

Contrastemos las historias de Betsy y Grace:

—Está embarazada.
—Nunca antes la he visto. ¿Es nueva?
—Creo que sí. Mi amiga me dijo que está embarazada. Están en la misma clase.

Betsy escuchó la murmuración de su amiga acerca de la muchacha embarazada. Miró al otro lado de la cafetería. Allí estaba ella, sentada sin compañía. Sola. Nadie con quien hablar. Con quien reír. Con quien llorar.

Me pregunto cómo se sentirá ahora, pensó Betsy. *Me pregunto si tiene alguna amiga.* Fue entonces cuando Betsy lo sintió. El impulso.

¿Por qué ahora, Dios?, pensó Betsy. *¿No puedes encontrar a alguna persona que se acerque a ella? ¿Qué pensarán todos de mí? ¡Tengo miedo!*

Acércate a ella. La voz volvió a susurrar... alto y claro. Solo que Betsy no escuchó la voz. Aunque le dijo lo mismo durante tres días seguidos.

Después de eso, la muchacha se fue.

«Siempre lamentaré el modo en que pasé por alto el llamado de Dios para hacer lo que Él me dijo que hiciera», nos dijo Betsy más adelante. «Siempre me preguntaré cómo era ella, cómo terminó del modo en que lo hizo y qué podría haber sucedido si yo hubiera hablado con ella».

Aunque Betsy sabe que Dios le ha perdonado, se ha quedado preguntándose: «¿Qué tal si...?». ¿Qué tal si hubiera escogido obedecer a Dios a pesar de su temor? ¿Cómo podría haber sido su vida, y la vida de esa muchacha, radicalmente diferente?

Un día el pasado verano, Grace Mally, de diecinueve años de edad, le prometió a Dios que le daría testimonio a cualquier persona que se encontrara en el parque que había cerca de su casa, sin mirar atrás. A pesar de eso, en lugar de encontrarse con una mamá con el carrito de su niño, se encontró con cuatro obreros de la construcción que estaban reparando el tiovivo.

¿Cómo? Debería haber algo equivocado aquí. ¡Sin duda Dios no quiere que les dé testimonio a ellos! ¡Sería muy aterrador! En seguida, Grace se dio media vuelta y comenzó a caminar de regreso a su casa. *Un momento, no, no puedo regresar a casa. Le*

prometí a Dios que iba a hacer esto. Poco a poco, muy poco a poco, se dio la vuelta y regresó al parque.

«Yo sabía que no podía permitir que el temor se apoderase de mí», recuerda Grace. «La Biblia nos dice muchas veces que no temamos». Una vez que comenzó, su temor se disipó por completo. Los trabajadores fueron amigables de modo sorprendente, y ella fue capaz de ser una buena noticia *doble*: en primer lugar, hablando del evangelio; y en segundo lugar, llevándoles limonada fría.

«No sé lo que el Señor estaba haciendo en las vidas de esos trabajadores de mantenimiento en el parque», dice Grace, «pero aprendí una vez más que si permito que el temor evite que haga cosas difíciles, me perderé la aventura más emocionante que ofrece la vida: obedecer a Dios».

Betsy y Grace: dos muchachas y dos respuestas distintas al llamado de Dios.

A menudo, nuestro padre nos dice: «La verdadera valentía no es la ausencia de temor. Es negarte a permitir que el temor controle tus actos». La valentía de Grace se demostró en el hecho de que se comprometió a obedecer a Dios, sin tener en cuenta lo que sintiera. Betsy quedó cautiva por su temor y encadenada por los sentimientos de incapacidad.

Sin embargo, no fue así la vez siguiente.

«Ahora sé que Dios no me estaba pidiendo que lo hiciera yo sola», dice Betsy. «Solo me llamaba a seguir su dirección y ver lo que sucedería. Él quería que yo sacara mi confianza de Él».

Desde luego, no te estamos alentando a que te lances al acuario lleno de tiburones; ¡algunos temores son saludables! En su lugar, estamos hablando de cosas que tú sabes que *deberías* hacer, pero que *no estás* haciendo porque tienes temor a poder fracasar, temor a sentirte torpe o necio, o solo temor a lo nuevo y lo desconocido.

Vencer nuestros temores no requiere que deje de importarnos lo que suceda. Solo requiere que actuemos a pesar de nuestro temor. La esclavitud al temor es mucho peor que las heridas y las cicatrices de algunas caídas. Permitir que el temor controle tus actos es una declaración de falta de confianza en la bondad de Dios. Si permitimos que el temor nos paralice, miraremos a nuestra vida con remordimiento por todas las veces que podríamos haberlo hecho y deberíamos haberlo hecho, pero no lo hicimos.

La buena noticia es que lo único que se necesita para vencer muchos de nuestros temores es enfrentarnos a ellos, con la ayuda de Dios, dando el primer paso. El primer paso siempre es el más difícil.

3. No puedes llegar al éxito sin arriesgarte al fracaso

A todos nos gusta ganar. Sin duda, es mejor que perder. Sin embargo, una vena competitiva muy prometedora también puede fomentar un temor al fracaso muy limitador. Nos decimos: *Si hago esto y fracaso, le seguirá el desastre y todos sabrán que soy un perdedor.*

¿Puedes ver la falacia del todo o nada en esa línea de pensamiento? La opción es ganar... o el desastre. En cambio, la verdad en este aspecto es muy liberadora. A menos que seamos necios a propósito, un fracaso nunca es total. No tenemos el llamado al éxito todo el tiempo. Tenemos el llamado a ser fieles, a dar esos primeros pasos difíciles y a dejarle los resultados a Dios.

Caleb, de catorce años de edad, había querido grabar un CD durante años. Por fin había ahorrado el dinero suficiente para comprar el equipo que necesitaba, y había transformado su cuarto en un estudio de grabación. Ahora, solo necesitaba aprender cómo funcionaba el equipo.

Decidió aprender mediante la prueba.

Caleb necesitó tres semanas para grabar dos canciones y otras tres semanas moviendo indicadores y pinchando botones para terminar la edición. No fueron seis semanas de trabajar de vez en cuando; fueron seis semanas de dedicación total. Cometió muchos (y muchos) errores intentando aprender a manejar el equipo, y una vez tuvo que comenzar de nuevo desde cero después de pensar que había terminado. Como resultado de todo ese trabajo, vendió tres CD. Sin contar a sus abuelos, vendió solo uno.

En momentos como esos, necesitamos recordar que todo lo que valga la pena hacer vale la pena hacerlo mal... al principio. Cualquier cosa que valga la pena merece el fracaso para intentarlo de nuevo. La Biblia dice que el justo cae siete veces y vuelve a levantarse (Proverbios 24:16).

Es interesante que la otra ocasión en que la Biblia hace referencia a hacer algo siete veces (perdonar a los demás), Jesús aclara que siete veces bien podría significar setenta veces siete. ¿Hemos fracasado y hemos vuelto a intentar hacer algo de nuevo cuatrocientas noventa veces? Si vamos a eso, ¿ha intentado cualquiera de nosotros hacerlo incluso siete veces?

El fracaso de Caleb podría haberle desalentado para no volver a intentarlo. Fue el tipo de fiasco que parecía decir: «Tienes un futuro más brillante si te quedas jugando *PlayStation*». Sin embargo, Caleb no lo veía de ese modo. ¡Él estaba emocionado por haber aprendido a utilizar el equipo!

Desde aquel primer intento, Caleb había completado varios proyectos mayores, todos en una fracción del tiempo. Al dominar ya el lado técnico de la grabación y la mezcla, puede enfocarse en mejorar su composición y su modo de tocar la guitarra. Además, ahora que los amigos de Caleb son conscientes de que él tiene un estudio en su casa y sabe cómo utilizarlo, están llevando allí sus instrumentos y tocando con él.

«Es mucho mejor que cuando intentaba tocar todos los instrumentos yo mismo», se ríe Caleb. «Estoy casi seguro de que vamos a comenzar una banda este verano. Estoy muy entusiasmado».

Lo que Caleb aprendió es que está bien fallar en las cosas difíciles, porque todo esfuerzo, incluso el esfuerzo fallido, produce crecimiento.

Por ejemplo, nosotros estuvimos una vez con un grupo grande de muchachos cuando alguien tuvo la brillante idea de hacer un concurso de flexiones. El objetivo era hacer cien flexiones.

La mayoría de los muchachos ni siquiera lo intentaron, bien porque tenían temor a poder fracasar o porque *sabían* que no lo lograrían. Al final, dos o tres muchachos que sabían que podían llegar a los cien, y Brett y Alex, que sabían que *no podían* llegar a los cien, se embarcaron de verdad en aquella empresa masculina en extremo.

El resultado no fue ninguna sorpresa. Nosotros perdimos; por mucho. Al final, quedamos tumbados en el piso sin poder levantarnos y pensando: *Fue una idea estúpida. ¿En qué estábamos pensando? ¿Podremos volver a levantarnos alguna vez?*

Aquí es donde se incorpora la mentalidad de «haz cosas difíciles»: es probable que nosotros hiciéramos un mejor entrenamiento que los demás muchachos. Piénsalo. Ellos se esforzaron, hasta que ganaron; después se detuvieron. Nosotros también nos esforzamos, pero nos exigimos. Nos presionamos a nosotros mismos hasta nuestros límites y más allá. Fuimos más fuertes aunque no logramos el objetivo.

Muchos de nosotros permitimos que los pequeños fracasos eviten que obtengamos habilidades importantes, desde mantener relaciones vitales hasta incluso lograr grandes cosas en nuestra vida. Una perspectiva de «hacer cosas difíciles» nos recuerda que todo esfuerzo, aun el esfuerzo fallido, crea músculo. Nos dice que la razón por la que no podemos hacer cien flexiones es porque no hemos acumulado la fuerza con el ejercicio regular. Golpea al fracaso de forma directa, haciendo que obre a favor de nosotros en lugar de hacerlo en contra de nosotros. Le da al fracaso un camino para hacernos más fuertes, y no una razón para tirar la toalla.

Un paso hacia lo desconocido

Los hermanos Seth e Ian Willard tenían dieciocho y dieciséis años respectivamente. Ninguno de los dos había realizado antes ninguna campaña política. Sin embargo, asistieron a una conferencia en la que uno de los oradores desafió a los alumnos a ser determinantes en el proceso político. ¿Y sabes qué? Era año de elecciones.

«En aquel momento teníamos que tomar una decisión», recuerda Ian. «Podíamos quedarnos sentados y observar, o podíamos participar y arriesgarnos a ponernos en ridículo».

De regreso en su hogar en Minnesota decidieron dar un sencillo paso de fe y llamar a uno de los candidatos a los que apoyaban para ofrecerle sus servicios. «Estábamos muy nerviosos antes de hacer la llamada», admite Seth. «Aun así, él se alegró mucho de escucharnos, y resultó que podía hacer uso de mucha ayuda». El sábado siguiente los hermanos estaban trabajando en su campaña estatal para el Senado.

Menos de una semana después, Ian y Seth se enteraron de que uno de los viejos amigos de la iglesia de su familia estaba haciendo campaña para ser *sheriff* estatal. De nuevo ofrecieron sus servicios, y de nuevo los invitaron a asistir a su primera reunión de campaña. Antes de darse cuenta de lo que estaba sucediendo, ambos eran miembros de su equipo de campaña. Además, ¡Ian ni siquiera tenía edad suficiente para votar!

Ian y Seth reclutaron a muchos de sus amigos para que trabajaran con ellos, y se difundió la noticia sobre su equipo. Comenzaron a recibir llamadas de otras campañas pidiendo ayuda. Al final, se encontraron viajando por todo el estado para trabajar en unas elecciones nacionales al Congreso de Estados Unidos, y algunas semanas más tarde vieron con satisfacción llegar los resultados. Todas las campañas en las que trabajaron fueron exitosas.

Con esas victorias a sus espaldas, era difícil creer que tan solo unos meses antes nunca habían hecho ese tipo de trabajo y no estaban seguros de dónde comenzar.

«Al principio estuve tentado a inflarme de orgullo porque yo había salvado los Estados Unidos», dice Ian riéndose. «Sin embargo, entonces entendí que no tiene nada que ver conmigo. Yo solo fui un instrumento en las manos de Dios. Me hace sentir humildad que me utilizara para lograr lo que Él quería hacer».

Nos encanta la historia de Ian y Seth porque demuestra con mucha claridad los tres «rompedores de zona» que hemos visto en este capítulo:

1. Vemos a Dios obrar por medio de ellos, a pesar de su inexperiencia para lograr grandes cosas.
2. Les vemos actuando a pesar de su temor. Dieron el primer paso de hacer una llamada telefónica, y Dios abrió muchas puertas de oportunidad.
3. Les vemos arriesgándose a fracasar y a hacer el ridículo, y como resultado encuentran éxito y visión para el futuro.

A partir de esa experiencia, tanto Seth como Ian se han sentido llamados a alentar al resto de su generación a participar. Al salir de sus zonas de comodidad una vez más, han comenzado un club local que lleva a funcionarios electos a hablar con estudiantes y llevan grupos al Capitolio estatal para que conozcan a sus representantes y vean una sesión en el Senado.

«Nuestra historia comenzó con un sencillo paso a lo desconocido», dice Seth, «pero por la gracia de Dios, nuestra historia no ha hecho más que comenzar. Estamos deseosos de ver lo que llegará a continuación».

Futuro desconocido, Dios conocido

En el museo británico de Londres se muestra un interesante mapa. Es una vieja carta de navegación, dibujada en 1525, que bosqueja la costa de Norteamérica y las aguas adyacentes. El cartógrafo hizo algunas interesantes anotaciones en zonas del mapa que representaban regiones no exploradas aún. Escribió: «Aquí hay gigantes»; «Aquí hay feroces escorpiones», y «Aquí hay dragones». Por fortuna, los exploradores pasaron por alto sus advertencias, ¡y descubrieron continentes nuevos por completo como resultado!

En este capítulo hemos visto que no son los gigantes, ni los feroces escorpiones, ni los dragones los que nos mantienen tras nuestras vallas. Es el *temor* a ellos. Cuando demos ese primer paso aterrador con la ayuda de Dios, y sigamos hacia delante, experimentaremos en realidad la vida mayor y más satisfactoria que Dios tiene en mente para nosotros.

No solo eso, sino que hemos visto que Dios está listo para obrar por medio de nosotros, incluso con nuestras limitaciones, y bendecir nuestros fracasos. En lugar de preocuparnos en cuanto a temores futuros, podemos, como escribió Corrie ten Boom: «Nunca tengas temor a confiar un futuro desconocido a un Dios conocido».

Ha pasado casi una década desde la primera ducha de Brett, uno de los grandes desafíos de su niñez. Desde entonces, él ha emprendido muchas tareas nuevas, algunas casi tan temibles como que se le meta agua en los ojos y los oídos. «Cuando me encuentro pensando que esos nuevos desafíos van a matarme», dice él, «solo recuerdo que pensaba lo mismo de mi primera ducha. Entonces, sonrío y sigo adelante».

¿Qué tal si pudiera decirse lo mismo sobre los enormes desafíos a los que te enfrentas hoy? Toma un momento para pensar en las siguientes preguntas:

- ¿Cómo podría ser tu vida si tu confianza en Dios venciera tus temores?
- ¿Cómo podría ser distinta tu vida si escogieras hacer cosas difíciles saliendo de tu zona de comodidad?

Las historias que te contamos en este capítulo son solo ejemplos de una realidad que se ha demostrado en miles de vidas. ¿Qué pasaría si un muchacho que sufre de graves ataques de ansiedad pudiera llegar a ser un chico de quince años que le ha hablado a más de medio millón de personas en actividades en directo, ha aparecido en la televisión nacional varias veces y hasta ha dado discursos en la Casa Blanca? ¿No es posible?

Su nombre es Zach. Y cualquier cosa es posible con Dios.

A lo largo del resto de este libro te presentaremos muchos más jóvenes, incluyendo a Zach, cuyas vidas se han transformado al rendirse ellos mismos a Dios y seguir a cualquier parte que Él les dirija, incluso cuando eso les lleva fuera de sus zonas de comodidad.

Escucharles contarlo, es ahí donde suceden las mejores cosas.

6

EL AUMENTO DE LAS EXPECTATIVAS

Cómo hacer cosas difíciles que te llevan más allá de lo que se espera o se requiere

Sarah, de diecinueve años, estudiante de segundo año en la Universidad *Olympic* en Washington, recuerda vívidamente el día en que recibió su peor calificación en un trabajo de inglés. La maestra se lo entregó cubierto de comentarios a mano. Al final, la maestra le añadió una nota devastadora... y una oportunidad. La nota decía lo siguiente: *Hay mucho margen de mejora, Sarah, en caso de que decidas revisarlo.*

Lo sorprendente es que lo que le dolió no fue la calificación. De ninguna manera, dice Sarah. Fue algo mucho mayor: la dolorosa comprensión de que se había estado dejando llevar, solo midiendo su trabajo por las calificaciones y no por criterios más importantes como: *¿He hecho lo mejor?* o *¿Estoy aprendiendo de verdad?*

Sarah nos dijo con timidez: «He hecho trabajos antes y sabía que mostraban falta de entendimiento; aun así, seguía obteniendo buenas calificaciones». Sin embargo, su profesora de inglés vio que Sarah estaba apenas pasando con poco esfuerzo.

«Ella había leído mi trabajo con atención e identificó lo que faltaba; pero también había visto mi potencial».

¿Cómo cayó Sarah en el patrón de entregar apenas lo mínimo en sus clases?

Sarah nos explicó: «Cuando llegué a la escuela, en realidad me sentí aliviada por las bajas expectativas. Podía restringir mi trabajo, hacer la mínima cantidad de tareas escolares y aun así obtener buenas calificaciones». No obstante, eso supuso un costo. Ella se había vuelto complaciente.

A pesar de todo lo dolorosa que fue la experiencia, Sarah sigue estando agradecida de que una profesora descubriera su juego... y elevara el listón.

Sarah aceptó el desafío y decidió revisarlo. Al principio dudaba de su capacidad, pero después de algunas horas de repetición del proceso, entendió que su nuevo bosquejo había mejorado bastante. «Una vez que revisé mi trabajo y vi cuánto había mejorado cuando me desafiaron, se encendió la luz. Entendí que en realidad no había estado aprendiendo nada anteriormente».

Ese día Sarah entendió que si en verdad quería estar preparada para la vida, tendría que aceptar la responsabilidad de su propia educación. Si solo medía el éxito según los estándares de otras personas de lo que era aceptable, nunca llegaría a su verdadero potencial. Ella tendría que establecer su propio listón bien alto y entonces dar lo mejor de sí para sobrepasarlo.

«Uno pensaría que tan solo realizar una tarea y cumplir con las expectativas del profesor produciría una experiencia de aprendizaje de calidad», dijo ella. «Sin embargo, en mi caso no fue así. Después de un año en la universidad y diez profesores, he entendido que al menos la mitad de ellos no esperaban lo suficiente de mí».

La trampa de «Solo haz todo lo que puedas»

¿Puedes identificarte con la historia de Sarah? Es fácil quedarse contento con menos de nuestro mejor esfuerzo, en especial cuando nuestros esfuerzos a medias parecen satisfacer a todo el que nos rodea. Y ser lo «bastante bueno» puede convertirse en un riesgo especial. Los que podrían hacer *mucho más* o abordar un *desafío mucho mayor* rara vez lo hacen cuando ya son lo «bastante buenos» según los estándares de otras personas.

¿Y tú? Quizá hayas ido retrasando un proyecto escolar porque sabías que podías quedarte hasta tarde la noche anterior antes del día de entrega y realizarlo. O tal vez hayas aceptado tu lugar en medio del grupo aunque sabes que no es ahí donde perteneces. De muchas maneras, puedes entregar menos del cien por cien y, aun así, seguir adelante: en un equipo, en un grupo de jóvenes, en el trabajo, en casa, en tu vida personal y espiritual.

En este capítulo veremos uno de los pasos más importantes, y a la vez más desafiantes, que puedes dar para ir en contra de las bajas expectativas: rechazar la complacencia y decidir hacer cosas difíciles que sean más que suficientes de lo que se requiere o se espera de ti.

Esta elección llega directamente al corazón de lo que significa ser un rebelucionario. Sin duda alguna, presionarte para hacer más de lo que se pide, se espera o se requiere es casi siempre una elección solitaria. Puede apartarte de amigos, compañeros de trabajo, otros cristianos y hasta de la familia. Como veremos, el deseo de hacer lo mejor, incluso cuando nadie a tu alrededor lo exige, necesita un tipo especial de carácter. Te sitúa en el lado contrario de la cultura aceptada, la cual dice «Solo haz todo lo que puedas», pero quiere decir algo muy diferente.

Piénsalo. Esta frase común, «Solo haz todo lo que puedas», fomenta en realidad lo contrario. Cuando alguien dice «Solo haz todo lo que puedas», ¿te sientes inspirado a alcanzar más? ¿O lo percibes como permiso para tan solo salir del paso? Decimos: «Oye, hice todo lo que pude». Sin embargo, ¿lo hicimos en realidad? Lo más probable es que queramos decir: «Oye, lo intenté, y eso tendrá que ser lo bastante bueno».

Lo creas o no, las mentalidades de «lo bastante bueno» y «solo haz todo lo que puedas» surgen en realidad del enemigo que conocimos en el segundo capítulo: el Mito de la Adolescencia.

Conoce al Sr. Complacencia

El Mito de la Adolescencia intenta atraparte en una de dos maneras. La primera es lavarte el cerebro con bajas expectativas. Si eso no resulta, felizmente te dibuja como una excepción. En este caso, ser una excepción significa que, comparado con la irresponsabilidad, la inmadurez y la incompetencia que se esperan de los adolescentes, tú estás oficialmente «por encima de la media».

¡Vaya! ¡Una estrella de oro para ti!

No obstante, espera un momento. Ser catalogado como una excepción cuando apenas lo estás intentando, en seguida se convierte en una trampa por sí misma. Puedes llegar a ser como Sarah, siguiendo la corriente en tu estatus de por encima de la media en el río de los requisitos escasos. Tu estrella de oro reduce las probabilidades de que alguna vez estés a la altura de tu verdadero potencial.

No pasará mucho tiempo cuando te ciegue la complacencia, que se define como un autosuficiente sentimiento de satisfacción con la persona que eres y lo que has hecho. ¿Reconoces ese sentimiento? Nosotros sí. A decir verdad, *nos gusta* ese sentimiento. En cambio, estamos aprendiendo que la satisfacción autosuficiente conduce poco después al desengaño genuino.

He aquí el porqué. Al igual que el orgullo, la complacencia se desarrolla cuando se oculta tras los razonamientos («Oye, hice todo lo que pude...»). Es obvio que esto significa que la mayoría de las personas complacientes no piensa que tenga algún problema. Y como han observado muchos sabios a lo largo de la historia, el enemigo más peligroso es el que no reconocemos. Debido a que no crees que tengas un problema (¿cómo podrías tenerlo? ¡Estás por encima de la media!), eres una víctima fácil para muchas mentiras con dulce sonido.

Imagina que la complacencia fuera una persona en tu vida. El Sr. Complacencia se pondría a tu lado, admiraría esa brillante estrella de oro que tienes y después susurraría elogios que provocan satisfacción vanidosa como:

- «La gente cree que eres estupendo. Qué suerte... lo has logrado sin intentarlo siquiera».
- «Todo va bien. ¿Por qué aceptar un nuevo desafío en el que podrías fracasar?»
- «Estás bien tal como eres. ¿Por qué trabajar para mejorarte a ti mismo?»
- «Comparándote con algunas personas (*tos*), ¡no eres *tan* malo!»
- «Por lo que yo oigo, Thomas Edison y Bill Gates nunca obtuvieron una estrella de oro».

Escucha el tiempo suficiente al Sr. Complacencia y te convencerá de que lo que necesitas en realidad es una siesta.

Sin embargo, no te engañes. El costo de la complacencia es real, y puede ser trágico. Hacemos un hábito de la mediocridad y de poner excusas. La vida se vuelve aburrida, y no estamos seguros del porqué. Sabemos, o al menos sospechamos, que hay mucho más que podríamos hacer o podríamos ser. Aun así, flotando, no hay manera de estar seguro. Bien podríamos tomar otra siesta.

La publicación *Bits & Pieces* expresa este estremecedor cuadro de lo que está sucediendo en realidad:

> La complacencia es una plaga que agota la energía, adormece las actitudes y causa un drenaje en el cerebro. El primer síntoma es la satisfacción con las cosas tal como están. El segundo es el rechazo de las cosas como

podrían ser. Lo «bastante bueno» se convierte en la contraseña del presente y la norma del mañana.

La complacencia hace que las personas le tengan temor a lo desconocido, no confíen en lo no probado y detesten lo nuevo. Como el agua, las personas complacientes siguen el curso más fácil: hacia abajo. Extraen una falsa fuerza al mirar atrás.

Proverbios 1:32 es incluso más claro: «Su complacencia y necedad los aniquilarán».

Con el tiempo, negarnos a llegar más alto, intentarlo más y arriesgarnos más nos roba el glorioso propósito y el maravilloso futuro que Dios ha creado para nosotros.

Si somos afortunados, un día recibiremos un toque de atención como el de Sarah, una sacudida que nos haga ver que nuestra vida real se está desviando, y decidiremos alcanzar más.

Es de esperar que *mucho* más.

Tres estrategias para llegar más alto

Recomendamos que los rebelucionarios hagan tres cosas difíciles que están por encima de lo que espera nuestra cultura y nos acercan más a lo que espera Dios:

1. Haz lo que sea difícil para ti.
2. Que te conozcan por lo que haces (más que por lo que no haces).
3. Sigue la excelencia, no las excusas.

Haz lo que sea difícil para ti

¿Recuerdas a Heidi, la coordinadora de la campaña del condado en nuestra carrera al Tribunal Supremo de Alabama? Se metió en algo que, para ella, era aterrador: hablar por teléfono, en especial con extraños. Para muchos adolescentes, estar al teléfono es como respirar o comer pizza: no pueden pasar sin hacerlo, y no piensan mucho al respecto mientras lo hacen. Sin embargo, para Heidi no era así. Eso es lo que queremos señalar cuando decimos que hagas lo que sea difícil *para ti*. Un rebelucionario toma tiempo para identificar los aspectos en los que podría lograr más traspasando la línea de lo que hace con facilidad y saliendo de detrás de los logros del pasado, la complacencia y las bajas expectativas.

Mark estudia en su casa, pero juega al baloncesto con el equipo universitario en el instituto local. Mark es uno de los principales anotadores en la división, y el baloncesto ha sido su vida desde que es capaz de recordar. Pasa horas en el gimnasio casi todos los días, sin incluir los entrenamientos oficiales, lanzando cientos de tiros libres, haciendo ejercicios y extendiendo el alcance de su salto en el tiro. Si le preguntas a cualquiera que conozca a Mark si él hace cosas difíciles, te dirán que sí; y Mark lo sabe. A pesar de eso, lo cierto es que él utiliza su reputación deportiva como excusa para no pasar tanto tiempo en muchas cosas que no le resultan naturales, como leer libros difíciles y ayudar a su familia en la casa.

Si Mark fuera sincero consigo mismo, admitiría que ha permitido que otros aspectos importantes de su vida se sitúen demasiado bajo en su lista de prioridades, o que los haya descartado por completo. Todos nosotros tenemos tendencia a hacer hincapié en nuestros puntos fuertes y entonces utilizarlos como excusa para descuidar nuestros puntos más débiles; y ese es el juego de Mark. A todos nos gustaría escoger solo las esferas más fuertes de nuestra vida y decir: «Este soy yo. Paso por alto todo lo demás. Esto es lo que soy yo». No obstante, si queremos vivir como rebelucionarios, no podemos permitirnos ese lujo.

Hablemos de Heather, otra adolescente a la que conocimos durante las campañas de Alabama. Lo único que ella quería era que la gente viera su posición de liderazgo en una organización juvenil nacional. Como joven talentosa en una cultura de bajas expectativas, Heather se podía destacar con facilidad y obtener atención por hacer relativamente poco comparado con su potencial. Debido a que la mayoría de las personas se quedaba impresionada con Heather, ella también se había vuelto bastante impresionada consigo misma.

«Comencé a leer su blog», nos escribió Heather unos meses después que regresáramos a Oregón. «Una de las primeras cosas que captó mi atención fue su énfasis en no volvernos complacientes con nuestra "excelencia"; que no es suficiente con impresionar a una sociedad con expectativas bajas en gran medida; no es suficiente con sobresalir en un mar de mediocridad».

Con ese entendimiento, Heather dejó de enfocarse en las cosas que impresionaban a los demás, sino en las cosas que la desafiaban en verdad y le hacían crecer. Para Heather, eso significó enfocarse en alcanzar a los demás y ser fiel en las cosas pequeñas que muchas personas no ven. El resto de su carta es un hermoso ejemplo del modo en que hacer lo que resulta difícil para ti puede sacarte de la complacencia y desencadenar un crecimiento radical:

> Comencé a enfocarme en hacer cosas difíciles que nunca había hecho antes. Volví a reenfocarme en la tutoría y «en maneras de motivarnos unos a otros a realizar actos de amor y buenas acciones» (Hebreos 10:24, NTV). Cambié mi contraseña en mi computadora de trabajo y puse una variación de «haz cosas difíciles» como recordatorio diario para comenzar el día pensando al menos en una cosa que pudiera hacer para extender mi zona de comodidad.
>
> En medio de esos cambios, también leí el libro de John Piper, *No desperdicie su vida*. Mis pensamientos a lo largo del día adoptaban la forma de pregunta: *¿Qué cosa difícil puedo hacer hoy que tenga un impacto eterno por causa del evangelio?*
>
> Una respuesta que el Señor me dio fue comenzar un boletín electrónico mensual para la oficina en la que trabajo. Incluirá anuncios, reconocimientos de cumpleaños,

recetas, bromas, ideas para celebrar vacaciones y una valiente presentación del evangelio. También he tenido la oportunidad de dar una clara presentación del evangelio a dos de mis compañeros de trabajo.

En la iglesia, me he acercado personalmente a personas a las que nunca antes me había acercado, y cuando hablo con mis amigos, he estado intentando dirigir la conversación hacia temas más importantes. En casa he buscado hacer cosas difíciles, incluso cosas tan sencillas como mantener la calma cuando antes me hubiera molestado, o prestarme voluntaria para una tarea extra en la casa.

¿Ha cambiado mi vida «haz cosas difíciles»? Sí, lo ha hecho. El Señor ha utilizado la Rebelución para sacudirme y sacarme de mi complaciente autosatisfacción, así como para darme una nueva visión de lo que significa inspirar a otros a la excelencia en Cristo.

Que te conozcan por lo que haces (más que por lo que no haces)

Lindsey está en su segundo año del instituto, el primero en una escuela cristiana privada. Incluso entre otros adolescentes cristianos en la escuela y en la iglesia, Lindsey es la «chica buena» que tal parece que nunca hace nada mal. Ella no ve películas para adultos, lleva un anillo de promesa que le regaló su papá cuando cumplió los trece años, y ni siquiera tendrá citas (o «cortejo», como ella lo llama) hasta que esté preparada para casarse. No le hace ser muy popular entre algunos de sus compañeros, pero ella se interesa más por lo que piensen los adultos que hay en su vida. Y ellos la elogian a menudo, a la vez que casi siempre se quejan de todas las «cosas malas» en las que participan otros adolescentes en la actualidad.

A ella le encanta recibir elogios por ser una «chica tan maravillosa», pero cuando Lindsey es sincera, sabe que se ha vuelto excepcional por lo que *no* hace. Ella no asiste a fiestas, no causa problemas, ni quiere ponerse un tatuaje. Sin embargo, ¿qué *hace*? ¿Se trata la vida cristiana de evitar «cosas malas» o se trata de hacer «cosas buenas y difíciles» para Dios? En lo profundo de su ser Lindsey sabe la respuesta, pero ya recibe elogios por ser una muchacha tan piadosa. ¿No es eso suficiente?

Bre, alumna de segundo año del instituto en Indiana, experimentó de primera mano las bajas expectativas. Ella, junto con otros jóvenes, participó en algunos proyectos de servicio comunitario y después le dio un informe a su iglesia. Al terminar el servicio, escuchó a un hombre decir: «¿No te alegras de que estos muchachos no estén fumando droga ni bebiendo?».

Bre nos escribió: «Ese comentario me partió el corazón, porque en verdad hay un nivel de mediocridad que se ha infiltrado no solo en nuestra cultura, sino también en nuestras iglesias». Para que te consideren un buen adolescente solo requiere que no hagamos cosas malas como consumir drogas, beber, ni asistir a fiestas. En cambio, ¿es suficiente con que nos conozcan por las cosas negativas que no hacemos, o nos deberían conocer también por las cosas positivas y difíciles que *hacemos*?

La Palabra de Dios es clara. En realidad, el estándar de nuestra cultura de no hacer cosas malas no es estándar en absoluto. El Salmo 1:1 nos dice: «Dichoso el hombre que no sigue el consejo de los malvados, ni se detiene en la senda de los pecadores ni cultiva la amistad de los blasfemos». Muchas personas, sin embargo, parecen dejar de leer ahí, y pasan por alto el versículo siguiente: «Sino que en la ley del SEÑOR se deleita, y día y noche medita en ella».

Nuestra cultura parece oír lo negativo, pero pasa por alto lo positivo.

Charles Spurgeon, el gran predicador del siglo XIX, comentó: «Quizá algunos de ustedes puedan reclamar cierto tipo de pureza negativa porque no caminan en la senda de los pecadores; pero permitan que les pregunte: ¿Está su deleite en la ley de Dios? ¿Estudian la Palabra de Dios? ¿Hacen de ella su mejor compañera y su guía en todo momento?». Si no es así, decía Spurgeon, no les pertenece la bendición del Salmo 1.

Para que los jóvenes vivamos según los estándares de Dios y disfrutemos de la bendición que promete Él, debemos ir más allá de solo evitar las cosas malas. Para ver esto, tan solo necesitamos leer el versículo lema de la Rebelución: «Que nadie te menosprecie por ser joven. Al contrario, que los creyentes vean en ti un ejemplo a seguir en la manera de hablar, en la conducta, y en amor, fe y pureza» (1 Timoteo 4:12). No solo debemos evitar pecar; se supone que debamos seguir la rectitud de manera tal que otros quieran imitarnos.

Jason, que tiene veintitantos años y es de Florida, entiende bien este principio. Nos escribió por correo electrónico poco después de haber comenzado nuestro blog, y nos explicó que en los últimos tiempos se había vuelto complaciente en su vida, solo trabajando y siguiendo adelante. «No es que una vida de trabajo regular no sea el plan de Dios para algunos», dijo Jason. «Pero yo me sentía vacío y sabía que Dios tenía planes más abundantes para mí. Sabía que Él tenía algunas cosas difíciles para que yo las hiciera».

Jason entendía que aunque no iba por la dirección equivocada, tampoco se dirigía con exactitud hacia la dirección adecuada. Nos dijo que ahora tiene planes de hacer cambios y asistir a la facultad de derecho con el objetivo de defender a grupos en favor de la vida.

Para Jason, hacer cosas difíciles significaba seguir desafíos que pudieran hacerle crecer. Significaba ir más allá de lo que otros les exigían, a fin de poder ser más eficiente en el servicio al Señor. No se contentaba con la simple supervivencia; quería desarrollarse.

Sigue la excelencia, no las excusas

Mary cursa su tercer año del instituto. Es una cristiana fuerte, y con orgullo desecha la idea de que los cristianos sean estúpidos y poco populares al ser la primera de su clase y cocapitana del grupo de animadoras. Sus padres, maestros y pastor de jóvenes, tienen grandes planes para ella, y Mary tiene grandes planes para sí misma. Sin embargo, debido a que las cosas les resultan fáciles, se ha vuelto complaciente con su condición de «destacada». No tiene que decirse a sí misma que es estupenda porque otras personas lo harán en su lugar, incluso cuando ella no haya hecho nada difícil en particular. Ella está por encima de la media sin siquiera intentarlo, así que no ve razón alguna para presionarse a sí misma.

Mary ha caído presa de la maldición que las bajas expectativas sitúan sobre las personas con talento. Se ha quedado atascada haciendo lo que le resulta fácil porque incluso las cosas que le resultan fáciles impresionan a los demás. En su mente, ya ha llegado, pero nunca ha explorado el verdadero alcance de su potencial.

Poco después que comenzásemos el blog La Rebelución, recibimos la siguiente carta que habla de la complacencia en la que ha caído Mary y después señala el camino de salida:

> El verdadero peligro para la intención de la juventud en la rebelución es que esos elogios por encima de la media puedan convertirse en la norma nueva y fácil.
>
> Lo lamentable es que, con frecuencia, hacemos elogios por cosas que no fueron difíciles de lograr en particular. Si nos enfocamos en los elogios y el aliento de los que tienen bajas expectativas para nosotros, nos volvemos mediocres.
>
> Puede ser desafiante poner nuestra vista en la excelencia, sobre todo cuando escuchamos que ya estamos ahí. Una de las grandes lecciones de la vida, la cual todos debemos aprender, podría expresarse en la frase: «Eso no fue nada. Mira esto». Desafíate a ti mismo y a otros a llamar *normal* a las cosas normales y guardar la palabra *excelente* para las cosas que lo sean en realidad.

Desde que recibimos esa carta, hemos recibido algunas más de adolescentes que se quejaban de haber recibido sensibleros premios en la escuela como el de «Celebración de la excelencia en el liderazgo». Lo único que habían hecho era entregar sus tareas escolares y prestar atención en clase mientras todos los demás holgazaneaban. Es triste lo poco que tuve que hacer para ganar ese premio», escribió una chica.

Al igual que Mary, podemos quedar tan atrapados en ser la persona más piadosa de nuestro grupo de jóvenes, o en ganar el premio «Celebración de la excelencia en el liderazgo», que perdamos de vista las normas de Dios. No llegamos a nuestro verdadero potencial porque solo apuntamos a ser mayores que el pez que está a nuestro lado en nuestra pequeña pecera.

Los estudiantes que nos han escrito reconocían esto y no estaban dispuestos a secuestrar su futuro solo porque se las arreglaran para sobresalir en medio de normas mediocres. Entendían que la norma de Dios para nosotros no es que seamos la persona más piadosa en un grupo de jóvenes llenos de cristianos tibios, sino que «seamos santos» porque Él es santo (1 Pedro 1:16). La norma de Dios no es que seamos el mejor ayudante de nuestro maestro, sino que seamos «siervos de todos» (Marcos 9:35).

Dios estableció sus normas tan altas, a fin de que no cometiéramos el error de apuntar bajo. Él hizo que fueran inalcanzables, de modo que nunca tuviéramos una excusa para dejar de crecer.

Podemos identificar la complacencia en nuestras vidas haciéndonos las siguientes preguntas difíciles y después respondiéndolas con sinceridad:

- *¿Qué aspectos de mi vida no me importan y sé que deberían importarme?*
- *¿En qué campos no he llegado a las normas de Dios ni a mi propio potencial?*
- *¿En qué asuntos me he conformado solo con seguir adelante cuando sé que podría mejorar si lo intentara de verdad?*

- *¿En qué cuestiones he decidido que las cosas «siempre serán de este modo» sin haber empleado nunca el tipo de esfuerzo que cambia de verdad las cosas?*

Estas preguntas son difíciles porque ninguna otra persona puede responderlas por ti. Solo tú sabes lo mucho que podrías mejorar si lo intentaras de verdad, y si nunca lo intentaste de verdad, es posible que ni siquiera tú lo supieras.

Hablemos de Wenslyn Reyes, por ejemplo. Desde que era pequeña, estuvo participando en el ministerio de la iglesia china-inglesa a la que asiste en Filipinas. Ahora que tiene dieciocho años, Wenslyn es la pianista de alabanza más joven, la traductora desde el púlpito más joven y la líder de estudio bíblico más joven de la iglesia. Todos la consideran cierto tipo de prodigio, y ella recibe elogios muy a menudo.

Wenslyn nos escribe: «Puede que yo no sea la mejor traductora o acompañante que podría ser, pero soy tan buena *para mi edad*, tal como dice todo el mundo, que con frecuencia siento la tentación a contentarme con mi estatus de "prodigio"».

El mensaje de «haz cosas difíciles» ha desafiado a Wenslyn para llegar a ser una mejor administradora de sus talentos explorando su pleno potencial. Ahora entiende que Dios le ha permitido comenzar en el ministerio tan temprano, a fin de que pueda avanzar a la larga. En lugar de solo apuntar a ser «buena para su edad», Wenslyn se ha comprometido a mejorar para ser todo eso para lo que la ha dotado Dios.

«"Haz cosas difíciles" significa luchar por mayores niveles de excelencia porque siempre hay algo más difícil que hacer», nos escribe. «Nunca es cuestión de haber llegado; es una batalla constante por la madurez».

La complacencia queda impotente cuando se confronta con este tipo de mentalidad, porque depende de que nosotros perdamos entusiasmo, lleguemos a estar satisfechos y sintamos como si ya hubiéramos llegado. El reto de Wenslyn es la madurez, no solo impresionar a otras personas.

Un compromiso con la madurez mata la complacencia.

Para recibir otra fuerte oleada de inspiración, regresa con nosotros ciento cincuenta años a la historia de un joven que no parecía tener mucho a su favor *a excepción de* la mediocridad y las limitaciones. Entonces, al igual que Sarah, Heather, Jason y Wenslyn, decidió pensar de nuevo lo que había estado considerando como lo bastante bueno y alcanzar algo más.

El mundo se sigue beneficiando de lo que sucedió después.

De debilucho a transformador del mundo

Cuando era un joven adolescente, Theodore Roosevelt no le daba la impresión a nadie de ser el tipo de persona que se convertiría en uno de los mejores presidentes de Estados Unidos. Desde la época en que era pequeño, el asma grave nublaba todo lo que hacía. Lo consideraban demasiado delicado para ir a la escuela y demasiado débil para estar a la altura de los demás muchachos. Siguiendo las órdenes del médico, su padre y su madre le trasladaron en seguida a lugares en la costa y casas en la montaña con la esperanza de que los cambios de aire le ayudaran a respirar. El muchacho enfermo no parecía tener probabilidades de sobrevivir a la niñez, y mucho menos llegar a nada si sobrevivía.

Desde luego, todos sabemos que Theodore «Teddy» Roosevelt hizo mucho más que sobrevivir. De una manera que pocos hombres han igualado, avanzó. Ante los ojos de sus compatriotas estadounidenses, llegó a alcanzar la estatura de George Washington, Thomas Jefferson y Abraham Lincoln, y su rostro ha quedado inmortalizado para siempre junto con el de ellos en la ladera de la montaña Rushmore.

Más que cualquiera de sus contemporáneos, Roosevelt condujo a Estados Unidos al siglo XX. Él fue un vaquero en la frontera del oeste, comisionado de policía en la ciudad de Nueva York, un héroe militar en la guerra hispano-americana, y el gobernador de Nueva York. Fue el primer presidente en volar en aeroplano, en sumergirse en un submarino, en tener teléfono en su casa o en poseer un automóvil. Fue el primer presidente en defender la conservación y en aprobar leyes para proteger el medio ambiente. Fue el primer presidente que salió de terreno estadounidense mientras estaba en su cargo. Y en 1906, se convirtió en el primer estadounidense en recibir un premio Nobel, recibiendo el premio Nobel de la Paz por haber negociado casi sin ayuda un final pacífico de la guerra ruso-japonesa.

¿Cómo pudo un muchacho con graves deficiencias de la vista y asmático que no se esperaba que viviera más allá de los veintiún años, pasar a experimentar una vida de logros tan increíbles? La breve respuesta es que, cuando era adolescente, Roosevelt decidió ir más allá de lo que era fácil llegando a lo que parecía imposible.

Poco después de cumplir sus doce años, su padre le apartó a un lado y le desafió a que se dedicara al «difícil trabajo» de hacer que su cuerpo fuera fuerte. Convencido y decidido, el joven Roosevelt se entregó a la tarea, pasando horas cada día levantando pesas, golpeando sacos de boxeo y haciendo ejercicio en la barra de flexiones. Más adelante, sus hermanas escribieron que uno de sus recuerdos más gráficos de la niñez era ver a su hermano luchando entre las barras horizontales, «extendiendo su pecho mediante movimientos regulares y monótonos, de seguro difíciles».

Ese fue el comienzo de la transformación, más que solo la física, que moldearía el resto de su vida. Décadas después, con convicción nacida en el «difícil trabajo» de sus años de adolescencia, Roosevelt dijo que la mayor forma de éxito solo llegaría al hombre que «no se aleja del peligro, de la dificultad, ni del trabajo duro».

Theodore Roosevelt aprendió la lección más importante de su vida cuando era adolescente. Fue una lección que comunicó e hizo posible todo lo que hizo a partir de ese momento: «haz cosas difíciles». Escucha lo que dijo acerca de lo que denominaba «la vida enérgica y agotadora»:

Deseo predicar, no la doctrina de la facilidad innoble, sino la doctrina de la vida vigorosa, la vida de esfuerzo, de trabajo y lucha; predicar que la mayor forma de éxito no le llega al hombre que desea la simple paz fácil, sino al hombre que no se aleja del peligro, de la dificultad del trabajo duro y que por esas cosas gana el espléndido triunfo definitivo.

Desde luego, en la actualidad no hablamos del modo en que lo hacía Roosevelt. Sin embargo, ¿qué sucedería si adoptáramos los valores que mantenía él de alcanzar mucho más de lo que resulta fácil? ¿Y qué sucedería si una nueva generación de adolescentes viviera de esa manera?

Comienza ahora.

7

EL PODER DE LA COLABORACIÓN

Cómo hacer cosas difíciles que son demasiado grandes para que las hagas solo

Por tanto tiempo como Katrina Martin puede recordar, ha estado interesada en todo lo que tenga que ver con la ropa. Ahora tiene dieciséis años, pero desde que tenía cuatro años de edad, veía viejas películas con argumentos que no entendía solo porque le gustaba ver los hermosos trajes que llevaban los actores. Cuando sea mayor quiere trabajar en diseño de moda. Sin embargo, he aquí el truco: quiere que sea en una empresa de moda que valore la *modestia*.

Su fascinación con lo que describe como la «cualidad olvidada» de la modestia surgió de su amor por la moda; eso y muchas conversaciones entre madre e hija hasta muy tarde en la noche cuando estaba llegando a su adolescencia. «Mi deseo de vestir bien se extendió hacia un deseo de agradar a Dios por el modo en que me visto», nos dijo. «Y así comencé mi búsqueda para descubrir lo que es la modestia. En mi lectura, siempre encontraba muy buenas razones para vestir con modestia. En cambio, todo lo que leía parecía dejar fuera el importante detalle de lo que significa la *modestia*».

Ella sabía que la modestia era un asunto del corazón, pero era también un asunto de la ropa. Estaba sorprendida por la falta de recursos, y frustrada en especial porque nada de lo que encontraba presentaba perspectivas sobre la modestia desde el punto de vista de los muchachos cristianos.

Katrina estaba segura de que otras muchachas tenían muchas de las mismas preguntas que ella, pero no sabía a dónde acudir en busca de respuestas. Tuvo la idea de que algún día encontraría algunos muchachos cristianos piadosos que le permitieran hacer preguntas acerca de la modestia y le dieran respuestas que ella pudiera comentárselas a otras muchachas. No obstante, ¿cómo, cuándo y dónde? ¿Debería quedarse en el vestíbulo de la iglesia con un cuaderno?

Katrina sintió con fuerza que estaba batallando con asuntos importantes. *¿Cómo se sienten en realidad los muchachos cristianos en cuanto al modo en que visten las chicas? ¿Qué significa la modestia para un muchacho?* Pensó que si podía obtener respuestas sólidas, podría ayudar a miles de adolescentes. Aun así, no sabía cómo ni dónde comenzar.

Su reto era demasiado grande para que lo solucionara una sola muchacha.

Si alguna vez viste una idea que sentías que era demasiado grande para ti o tuviste que enfrentarte a un proyecto en el que no sabías dónde comenzar, es probable que sepas cómo se sentía Katrina. Algunas cosas difíciles son demasiado grandes para lograrlas solos. Las llamamos «grandes cosas difíciles», y responder como es debido cuando las afrontamos es de lo que trata este capítulo.

Las grandes cosas difíciles varían desde la búsqueda de Katrina a cosas como organizar un acontecimiento en tu iglesia o escuela, hacer una película, alcanzar a los desamparados en tu comunidad, hacer campaña para eliminar de la televisión un programa grosero en tu comunidad, o comenzar una banda de música. Las grandes cosas difíciles también pueden incluir causas grandes *de verdad*: luchar para ponerles fin a la esclavitud moderna, el aborto, la pobreza o el SIDA. Echaremos un vistazo más de cerca a ese tipo de grandes cosas difíciles en los capítulos 10 y 11.

Lo lamentable es que, más que cualquier otro tipo de cosa difícil de la que hablamos en este libro, la respuesta a las grandes cosas difíciles casi siempre es tirar la toalla antes de intentarlo siquiera. *Es demasiado grande para mí, fin de la historia*, nos decimos.

Necesitamos cambiar nuestro modo de pensar con respecto a los grandes proyectos y las grandes ideas. En lugar de enfocarnos en nuestras limitaciones individuales, podríamos dar un paso atrás, mirar alrededor y preguntar: «¿Quién se podría motivar al abordar esto *conmigo*?». La respuesta a esa pregunta, como verás en este capítulo, hace posible todo un nuevo rango de opciones para los rebelucionarios. La respuesta es la colaboración: uno de los tres pilares de la Rebelución.

¿Has observado las partes *co* y *labor* en esa palabra? Nos dan un cuadro de lo que es la colaboración: literalmente, «trabajar juntos».

Fortaleza en los números

La tradición popular estadounidense intenta persuadirnos de que nuestro destino solo lo obtuvieron rudos individuos que eran altos, actuaban solos, rara vez hablaban y se bebían de un trago su *whisky*. Se nos enseña a admirar al rebelde, el solitario y el disidente. Sin embargo, los hechos sugieren que los logros de las naciones, al igual que los de las corporaciones, los ejércitos, las universidades, los equipos deportivos, las iglesias y las familias, dependen en gran parte de personas que se unan para colaborar: ponerse de acuerdo en un objetivo común y después colaborar para hacer que suceda.

Con quién colaboramos, desde luego, es muy importante. A lo largo de la Biblia, se nos enseña a asegurarnos de hacer las cosas adecuadas con *las personas adecuadas*. Por ejemplo, en 2 Timoteo 2:22, Pablo nos enseña: «Huye de las malas pasiones de la juventud, y esmérate en seguir la justicia, la fe, el amor y la paz, *junto con* los que invocan al Señor con un corazón limpio».

Nos encanta ese versículo porque capta la mentalidad de colaboración del rebelucionario: rebelarse contra las bajas expectativas («Huye de las malas pasiones de la juventud»), haz cosas difíciles («esmérate [o esfuérzate]»), y echa mano del poder del trabajo en equipo («*junto con* los que invocan al Señor con un corazón limpio»).

Un estudio de caballos reveló que un solo caballo podía tirar de un peso aproximado de mil ciento treinta y cuatro kilos. La prueba se repitió con dos caballos. Era de esperar que el peso fuera el doble: alrededor de dos mil doscientos sesenta y ocho kilos. No fue así. ¡Los dos caballos trabajando juntos halaron un peso de *cinco mil seiscientos setenta kilos*! Eso supone *cinco veces* la cantidad de la que uno podía tirar solo.

¿Serían iguales las cifras si en lugar de caballos los investigadores hubieran utilizado Vespa o Volkswagen? Lo dudamos. Hay algo en el interior de un ser vivo que se eleva para lograr cosas exponencialmente mayores cuando es parte de un equipo.

Dios nos creó a todos nosotros (no solo a los caballos) para que seamos más eficientes cuando trabajamos en compañía de otros. Es más, la Biblia nos advierte del peligro de aislarnos de los demás. Hebreos 10:24:25 dice: «Preocupémonos los unos por los otros, a fin de estimularnos al amor y a las buenas obras. No dejemos de congregarnos, como acostumbran hacerlo algunos, sino animémonos unos a otros». Proverbios 18:1 es aun más claro: «El que vive aislado busca su propio deseo, contra todo consejo se encoleriza» (LBLA).

Las personas que intentan «ir solos» se pierden también las ventajas de la relación. Eclesiastés 4:9-12 nos dice:

> Más valen dos que uno, porque obtienen más fruto de su esfuerzo. Si caen, el uno levanta al otro. ¡Ay del que

cae y no tiene quien lo levante! Si dos se acuestan juntos, entrarán en calor; uno solo ¿cómo va a calentarse? Uno solo puede ser vencido, pero dos pueden resistir. ¡La cuerda de tres hilos no se rompe fácilmente!

Cuando tenía diecisiete años, Jeremy Blaschke y su grupo de estudiantes en casa decidieron recaudar dinero para comprar una máquina de ultrasonido para un centro de embarazos en crisis. Al volver la vista atrás, él dice que en verdad no sabía en lo que se estaba metiendo.

«Nunca antes pagué tanto por alguna cosa», nos dijo, refiriéndose al precio de la etiqueta de la máquina de ultrasonidos que era de veinticinco mil dólares. «No tenía ni idea de lo mucho que era eso en realidad, y lo que significaba decir que íbamos a recaudarlo».

Después de una gran actividad para recaudar dinero en la feria local y otra en la iglesia de Jeremy, habían recaudado tres mil doscientos dólares hacia su meta; y los ánimos eran buenos. «En ese momento yo pensaba que iba a ser fácil, que podríamos lograrlo en algunos meses», dijo Jeremy.

En cambio, se puso difícil. La primavera dio paso al verano, y el verano al otoño. Aun así, juntos, exactamente un año después que comenzaron, el grupo de Jeremy logró su meta... y más. Los treinta y dos mil dólares que recaudaron fue suficiente no solo para la máquina de ultrasonido, sino también para la formación necesaria para manejarla. Jeremy sigue sin poder hablar al respecto sin mencionar a su hermana Diana y a dos de sus mejores amigos.

«No hay manera de que pudiera haberlo hecho yo solo», dijo Jeremy. «Me habría frustrado o aburrido, o solo me hubiera agotado. En realidad, ellos me dieron el apoyo y el ánimo para seguir adelante».

La historia de Jeremy es un estupendo ejemplo del porqué obtenemos tal ventaja al trabajar *junto con* otros que tienen nuestra misma decisión de hacer cosas difíciles para la gloria de Dios.

A fin de ver en profundidad el modo en que trabaja la colaboración de los adolescentes, y algunos de sus singulares desafíos, regresemos a una de nuestras historias de colaboración favoritas: cómo Katrina obtuvo la respuesta a sus preguntas acerca de la modestia.

«¿Podría hacer algunas preguntas?»

En septiembre de 2006, Katrina se encontró con la página The-Rebelution.com y se unió al foro. No pasó mucho tiempo antes de que participara en una conversación sobre la modestia en la sección «solo para chicas»; y fue allí donde tuvo una idea. Con cientos de cristianos adolescentes de ideas afines en una página web, ¿qué tal si pudieran comenzar una conversación sobre la modestia?

Cuando recibimos por primera vez su nota, lo único que sabíamos es que una muchacha de quince años de Massachusetts quería que muchachos cristianos dieran sus opiniones sobre la modestia. Ella escribió:

> Creo que las chicas ven a las chicas de modo distinto como las ven los chicos. ¿Creen que podría hacer algunas preguntas para que los chicos las respondan acerca de lo que creen que es modesto e inmodesto?

Nosotros le escribimos para decirle que parecía *posible*, mientras las preguntas y las respuestas fueran anónimas y utilizadas en los foros privados de los chicos y las chicas. Unos días después, recibimos una pregunta casi idéntica de otra muchacha. Cuando se lo mencionamos a otros chicos y chicas, recibimos respuestas entusiastas.

Decidimos explorar la idea. Katrina abrió un hilo en la sección de las chicas del foro e invitó a las lectoras a plantear preguntas que tuvieran para los muchachos. En una semana teníamos más de trescientas cincuenta preguntas de cientos de muchachas cristianas del instituto y de la universidad de todo el mundo. Querían saber cómo se sienten los chicos con respecto a todo, desde el brillo labial y los trajes de baño, hasta las mangas de las camisas, junto con preguntas abiertas al estilo de: «Como chico, ¿cuál es tu responsabilidad en este aspecto?».

Además del hilo del foro, Katrina recibía docenas de mensajes de correo electrónico cada día. «Mi bandeja de entrada estaba inundada», dijo ella. «Yo estaba muy sorprendida de que hubiera *tantas otras* muchachas con curiosidad acerca de las mismas cosas que yo».

Nos dimos cuenta de que estábamos en algo importante. Sin duda alguna, ya no era solo la pregunta de Katrina. Muchachas cristianas en todo el mundo querían entender mejor el modo en que su manera de vestir afectaba a los muchachos. Otras querían honrar a Dios mediante su modo de vestir, pero no estaban seguras por dónde comenzar. Una cosa estaba clara: tenían muchas preguntas.

Después de orar al respecto y hablar con nuestros padres, decidimos que intentaríamos realizar una encuesta en línea sobre la modestia. ¿Pero cómo? Solo el tema de cómo darles el formato a las preguntas para que los muchachos respondieran era sobrecogedor. Necesitaríamos un sistema de seguridad que pudiera recopilar y rastrear las respuestas; pero ninguno de nosotros sabíamos cómo hacer eso, y no teníamos dinero para contratar ayuda profesional.

Aquí entra David Boskovic, el rebelucionario y mago de la tecnología de Canadá que nos ayudó antes a presentar nuestra página web en ese año. En medio de las tareas escolares, ordeñar a las vacas y dirigir un negocio familiar con su hermano mayor, David empleó de forma voluntaria su tiempo para diseñar un sistema de encuestas «inteligente» y muy profesional. Era tan bueno que un experto en encuestas de Nueva York se puso en contacto con nosotros para preguntar qué empresa lo creó para nosotros. Imagina su sorpresa cuando le dijimos que era un muchacho de dieciocho años, y que lo hizo desde cero en menos de un mes.

El sistema rastreaba preguntas que los participantes habían respondido y les permitía regresar tantas veces como fueran necesarias para completar la encuesta. Cada pregunta estaba planteada como una afirmación (por ejemplo: «Los bikinis son inmodestos»), con la cual los muchachos podían estar de acuerdo o en desacuerdo en una escala de cinco puntos. Cada pregunta incluía una caja de texto para que los muchachos pudieran explicar sus respuestas. Muchas preguntas también incluían vínculos a ventanas que se abrían con ilustraciones en fotografía y definiciones, que las compiló nuestra hermana de quince años, Sarah, y un equipo de muchachas del foro. A decir verdad, ¿cuántos muchachos adolescentes saben lo que son gauchos o encogerse de hombros?

El 8 de enero de 2007, abrimos la encuesta de ciento cuarenta y ocho preguntas. Esperábamos que hubiera al menos cien muchachos que respondieran. En el mejor de los casos, mil, pero eso no parecía realista.

Entonces, ¿qué supimos? En el primer día, tuvimos noticia de ciento veinte muchachos, y en las tres primeras semanas, el número total de quienes respondieron ascendió a mil setecientos muchachos cristianos de cuarenta y ocho estados y veintiséis países. Juntos, habían enviado ciento sesenta mil respuestas, incluyendo más de veinticinco mil respuestas de texto.

La siguiente tarea era procesar los datos. Queríamos poner los resultados en el Día de los Enamorados como un regalo a todas las muchachas cristianas que se esforzaban por vestir con modestia. Esa fecha solo nos dejaba dos semanas y media para recorrer tres mil doscientas noventa páginas de datos. Por fortuna, la increíble capacidad de programación de David nos permitió procesar de forma automática nuestros descubrimientos. Eso nos hizo posible enfocarnos en las respuestas de texto, escogiendo las principales veinte hasta cincuenta para cada pregunta.

Durante dos semanas, la sala de nuestra casa estuvo llena de montones de resultados de la encuesta y muchos rotuladores, plumas y papeles. Después de estar despiertos varias noches, incluyendo algunos días de treinta y seis horas, publicamos los resultados. Para entonces, ciento treinta adolescentes se habían prestado como voluntarios para mencionar la encuesta en sus blogs, enviar mensajes de correo electrónico o repartir tarjetas en sus escuelas y sus iglesias.

Entonces, esperamos.

Las primeras señales *no* fueron alentadoras. Alrededor de una hora después de haber presentado los resultados comenzamos a obtener informes de que la página web iba muy lenta. Pensamos: «Qué extraño. Estamos en un servidor rápido. ¿Qué sucede?».

Esta es la historia desde la perspectiva de Katrina:

[Esa mañana] cuando fui a encontrar el vínculo de los resultados, la página web tardó unos cinco minutos en cargarse. Pensé que eso era muy extraño, y cuando se cargó por fin, la gente seguía diciendo que la encuesta les estaba desconectando. En mi ignorancia de la Internet, pensé que quizá había allí un par de cientos de personas.

Más adelante, cuando estaba hablando mediante mensajes de texto con una amiga, me dijo algo acerca de diez mil personas leyendo en la primera hora. Eran tantas que el servidor en realidad se había caído.

¡Yo no podía creerlo! Estaba tan emocionada que iba saltando por la casa y gritando: «¡Diez mil personas en la primera hora!», a pesar de que me dolía la garganta y tenía fiebre. ¡Mi hermana dijo que iba a golpearme en la cabeza con su bandeja de galletas si no dejaba de gritar!

Más adelante fue cuando obtuvimos el informe completo de David: aun cuando el servidor había estado cerrado durante más de una hora, la encuesta había recibido cuatrocientas veinte mil visitas en las doce primeras horas.

¡Qué experiencia tan increíble! Nuestro equipo recibió cientos de comentarios y mensajes de correo electrónico expresando gratitud por la encuesta. Una de las respuestas más comunes fue de muchachas que quedaron sorprendidas por completo de que tantos muchachos apreciaran de verdad sus esfuerzos por vestirse con modestia, y se interesaran lo suficiente para realizar la encuesta. Nuestra respuesta favorita, sin embargo, fue de la misma Katrina, reflexionando en lo que había surgido de su sincera pregunta y su sencilla idea:

> Me sorprendió que la encuesta fuera algo tan grande. Comenzó con mi pequeña idea y creció hasta convertirse en un proyecto con miles de personas involucradas.
>
> La encuesta no es legalista, y no surge ninguna «regla» negativa de la misma, pero las respuestas les permiten a las muchachas obtener un destello de la mentalidad de los muchachos. No hay *manera alguna* en que pudiera haber hecho algo así yo sola.
>
> Siempre he querido tener impacto. De algún modo quería alentar a las muchachas cristianas a vestirse con más modestia, pero nunca soñé que tuviera la oportunidad de tener una influencia tan amplia.
>
> Fue la primera vez que uno de mis grandes sueños se hizo realidad.

La satisfacción que proviene de saber que lo que hemos logrado juntos deja pequeño a cualquier cosa que pudiéramos haber hecho solos es algo que hemos visto con anterioridad. Vimos esta verdad en la práctica de manera hermosa con la encuesta sobre la modestia, las carreras al Tribunal Supremo de Alabama y nuestra gira de conferencias Rebelución.

Queremos transmitir algunas cosas que hemos aprendido sobre la colaboración que podrían ayudarte cuando te enfrentes a una tarea importante que sea demasiado grande para lograrla tú solo.

Diez cosas que hemos aprendido sobre los equipos

Entra en una librería y encontrarás pasillos completos dedicados casi por entero al tema de la colaboración. Se denomina sección de negocios. Te recomendamos que pases algún tiempo allí. Es obvio que nosotros no podemos competir con autores que son más sabios y más experimentados en un tema tan complejo. Además, no necesitamos volver a escribir lo que ya está escrito allí. Solo ofrecemos el punto de vista de un adolescente sobre dónde comenzar, cómo evitar algunos peligros comunes y, por último, cómo apropiarse del poder de la colaboración para lograr grandes cosas difíciles para Dios.

1. Comienza con preguntas

Lo primero que necesitas es hacerte algunas preguntas fundamentales:

- *¿Qué me está diciendo Dios acerca de esta idea?*
- *¿Cuál es el consejo de mis padres y otras personas en las que confío?*
- *¿Soy yo el que va a dirigir? Si no soy yo, ¿puedo ser un catalizador y ayudar a que progresen las cosas?*
- *¿Cuáles son mis fortalezas y debilidades personales?*
- *¿A qué personas conozco que puedan ayudar a llenar las brechas donde mi capacidad, o mi conocimiento, se queda corto?*
- *¿Me importa lo suficiente este tema no solo para comenzar algo grande, sino para verlo terminar a pesar de todo?*

Como viste en la historia de Katrina, Dios *sí* da guía y ayuda a quienes le buscan. Podrías ver que todas las luces están en verde, o podrías ver muchas luces amarillas o incluso rojas. Asegúrate de preguntar, y escuchar, antes de lanzarte.

2. Camina con los sabios

Justo desde el comienzo, busca a quienes son más mayores y más sabios para obtener dirección confiable. Uno de nuestros versículos favoritos acerca de la colaboración es Proverbios 13:20: «El que con sabios anda, sabio se vuelve; el que con necios se junta, saldrá mal parado». Este versículo nos recuerda que los amigos pueden ser una maldición o una bendición, dependiendo de si son sabios o necios. También nos dice que nosotros nos volvemos como nuestros amigos. Habrás oído el viejo dicho: «Eres lo que comes». Tal vez sea preciso decir: «Eres como esos con quienes estás». Si queremos ser sabios, maduros y piadosos, tenemos que entablar amistades con personas que tengan esas cualidades.

Por lo general, caminar con los sabios significa pasar tiempo con quienes sean más mayores, más experimentados y más piadosos que nosotros. Este es uno de los motivos por los que nos parece tan importante estar arraigados en nuestra iglesia local: la fuente principal que hemos encontrado para obtener el compañerismo sabio y piadoso.

Caminar con los sabios tiene una importancia especial para la colaboración. Proverbios 20:29 dice que la gloria de los jóvenes es «su fuerza» y que la gloria de los mayores son «sus canas». En el antiguo Israel, las canas simbolizaban dignidad, honor, experiencia y sabiduría. Los adolescentes tienen mucha energía, pero no siempre sabemos qué hacer con ella; las personas mayores con frecuencia tienen mejor perspectiva, pero no siempre tienen el tiempo ni la energía para ponerla en práctica. La belleza de la colaboración entre generaciones mayores y jóvenes es que combinamos fuerza con sabiduría: un camino de éxito seguro para lograr más para la gloria de Dios.

3. No pases por alto la ventaja de jugar en tu propio campo

La familia es un vehículo de colaboración diseñado por Dios que la mayoría de los adolescentes pasa por alto, aunque estemos justo en medio de ella. Dios quiso que nuestros padres fueran nuestros principales mentores, y a menos que seas hijo único, los hermanos pueden ser algunos de tus mejores compañeros de equipo.

Vuelve a releer las historias de las que hemos hablado en este capítulo: su mamá fue siempre la que más apoyo le dio a Katrina y su mentora; la principal ayudante de Jeremy fue su hermana Diana. Hemos visto eso mismo una y otra vez en nuestras propias vidas y en las historias de incontables adolescentes.

Las conferencias Rebelución se realizan por adolescentes para adolescentes. Los coordinadores locales para nuestras actividades en Denver y Dallas en 2007, Joanna Griffith y Marshall Sherman, tenían diecisiete y dieciséis años de edad cuando comenzaron a trabajar para encontrar instalaciones y reunir a sus equipos locales. Tuvimos capitanes de publicidad tan jóvenes como de trece años difundiendo la noticia en sus escuelas, periódicos locales y grupos de jóvenes. Nuestro capitán de instalaciones en Denver, Robert Anderson, a cargo de la preparación y la logística de la actividad, tenía catorce años.

Aunque los adolescentes tienen los títulos y llevan la responsabilidad, es un asunto de toda la familia. Los padres de Joanna hicieron incontables tareas y se ocuparon de las mesas de libros y el puesto de salida. Su hermana, Susana, fue la capitana de los refrescos para la actividad, proporcionando almuerzos y refrigerios para más de quinientas personas. Los otros hermanos de Joanna ayudaron haciendo tareas, transportando cajas, poniendo nombres en fundas plásticas, y multitud de otras tareas.

En nuestra familia, nuestro padre no solo es el número uno de los principales oradores en las conferencias, sino que nuestro hermano mayor, Joel, dirige la alabanza. Cuando se trata de organización, calendarios, provisiones, contabilidad, y todo lo que hay en el medio, nuestra madre es cinturón negro de tercer grado. Nuestra hermana Sarah ayuda a coordinar a los voluntarios, hace llamadas telefónicas, envía mensajes de correo electrónico, dobla y organiza cientos de camisetas con el mensaje «Haz cosas difíciles», prepara tarjetas con los nombres y es la mano derecha de nuestra mamá. Nuestro hermano de trece años, Isaac, hace de todo. Antes de las actividades, está a cargo del envío por correo de la publicidad: rellenando, poniendo direcciones y enviando por correo cientos de sobres a familias en todo el país. Incluso nuestro hermano de siete años, James, también ayuda. En la conferencia en Indianápolis de 2007, él pasó horas con voluntarios mayores, doblando más de dos mil sillas plegables y poniéndolas en filas rectas.

A propósito, cuando permitimos que nuestros hermanos menores trabajen a nuestro lado, estamos haciendo por ellos lo que pedimos de nuestros mentores mayores. Cuando ellos caminan con nosotros, relativamente hablando, caminan con los sabios. Llegan a recibir enseñanza sobre cómo y por qué hacer cosas difíciles, y nosotros obtenemos una ayuda enérgica y entusiasta. Todo el mundo sale ganando.

Entendemos que no todos tienen una familia como la nuestra, y estaríamos exagerando si intentáramos hacer que nuestra familia pareciera algo cercano a lo perfecto. Sin embargo, esperamos que captes una visión de la colaboración con la familia; si no es con la familia que tienes en este momento, entonces con otras familias en tu comunidad y con la familia que tendrás algún día.

4. Utiliza la tecnología para hacer crecer tu equipo

Uno de los mayores beneficios de la tecnología actual es que nos permite conectarnos con personas de ideas afines, sin importar el lugar. Muchos de nuestros mejores amigos son personas a las que conocemos sobre todo en línea, pero que hemos logrado trabajar juntos en algunos proyectos emocionantes.

La encuesta sobre la modestia es un buen ejemplo. Las campañas de Alabama son otro. Para el diseño de la página web de uno de los candidatos, utilizamos una compañía que es la empresa conjunta de Jake Smith y otro rebelucionario, Alex King. Alex vive en Maine y Jake en Oklahoma. Aún no se han conocido, pero prestaron un servicio de primera categoría.

Esos mismos muchachos, junto con varios otros amigos en línea, también dirigieron una revista en línea, *podcast* y una red de blog para adolescentes cristianos llamado «Regenera nuestra cultura». Estuvo en funcionamiento casi por dos años y reunió a adolescentes escritores, editores y presentadores de radio de todo el mundo. Casi ninguno de ellos se conocía en persona.

A decir verdad, una de las respuestas más comunes que hemos recibido desde la presentación de TheRebelution.com proviene de jóvenes que pensaban que estaban solos en sus convicciones acerca de los años de la adolescencia. Ellos expresan lo agradecidos y aliviados que están por haber encontrado por fin una comunidad de adolescentes con ideas afines... y todo está en línea. Por lo tanto, aprovecha la ventaja de la tecnología.

5. Atesora la crítica constructiva

Desde el comienzo en el desarrollo de la encuesta sobre la modestia, pedimos y recibimos consejos de familiares y amigos. La modestia es un tema sensible, y sabíamos que necesitábamos ayuda para redactar las preguntas. También sabíamos que los resultados de la encuesta podrían verse con facilidad como una lista de reglas o como un montón de muchachos que les decían a las chicas la manera en que tenían que vestirse. No deseábamos eso. Por fortuna, fuimos capaces de recibir comentarios de alta calidad a medida que desarrollábamos la encuesta, lo cual nos ayudó a proporcionar enseñanza bíblica sobre la modestia en las semanas anteriores a su lanzamiento. Desde luego, obtener comentarios correctivos no siempre hace sentirse bien en el momento. Habría sido fácil reaccionar a la defensiva a las críticas. No obstante, sin ellas, podríamos haber terminado haciendo más daño que bien.

6. El crédito es gratuito si lo regalas

Uno de los peligros comunes con los que nos hemos enfrentado es que el orgullo (por ejemplo, buscar el crédito y ofendernos cuando sentimos que no nos observan) a menudo sabotea los esfuerzos en equipo. ¿Qué hacer? Nosotros recomendamos tratar de forma rápida y respetuosa los sentimientos heridos. También recomendamos establecer un código de equipo que diga: «El crédito es gratuito aquí, *y lo damos a conocer*». Eso ayuda a que los individuos se enfoquen en las necesidades y los logros de otros y del grupo en general, y constituye un equipo más feliz, más sano y más eficaz.

Cualquiera de nosotros que participó en la encuesta sobre la modestia podríamos haber causado estragos al proyecto si hubiéramos estado buscando todo el crédito. Katrina podría haber exigido tener un mayor papel en todo, pues fue *su* idea. Nosotros podríamos haber intentado apropiarnos de todo el crédito, pues era *nuestra* página web. Y David podría haber hecho lo mismo (aparte de haber cobrado mucho dinero que no teníamos), pues era *su* sistema de encuestas, y nada de esto hubiera sido posible sin él. Sin embargo, estamos agradecidos de que no sucediera nada de esto. En cambio, nos enfocamos en lograr algo en lo que creíamos, y miles de personas se han bendecido como resultado.

7. Otras personas también son pecadoras

Es probable que lo más difícil de trabajar con otras personas sea que hay que trabajar *con* ellas de verdad. ¿Sabes lo que queremos decir? Incluso los buenos, firmes y sinceros cristianos son pecadores e imperfectos (es decir, difíciles si no imposibles a veces). Y la presión, el cansancio y la frustración a menudo sacan lo peor de las personas. Es por eso que las grandes cosas difíciles requieren paciencia, humildad y una provisión casi interminable de perdón.

Una de las razones por las que nos encantan las historias como las de Katrina y Jeremy es que se tratan de grandes cosas difíciles que las logra un grupo de adolescentes comunes y corrientes. Una de las cosas que le gusta decir a nuestro papá acerca de la iglesia es que «funciona con lo normal». Lo mismo es cierto en cuanto a la Rebelución, y de seguro que es cierto respecto a lograr grandes cosas difíciles: no se necesitan superhéroes ni santos. Tan solo se necesita un pequeño grupo de personas con ideas afines que estén dispuestas a hacer juntas cosas difíciles y ofrecer una gran cantidad de gracia a lo largo del camino.

8. *Espera una pesadilla o dos*

A lo largo de la preparación de la encuesta, y al trabajar en las campañas de Alabama, nos encontramos con numerosas malas comunicaciones, desacuerdos y errores tontos. A veces sucedía lo increíble, lo imposible y lo desastroso, todo al mismo tiempo.

Por ejemplo, en el proceso de organizar la exitosa distribución de más de ciento veinte mil periódicos de campaña en el autódromo *Talladega Superspeedway* de la carrera Aaron 499, un enorme acontecimiento con cientos de miles de personas en un único fin de semana, nos encontramos con algo más de nuestra parte de lo que sentíamos que eran catástrofes menores.

En primer lugar, los cincuenta alumnos universitarios que llegaban conduciendo desde otros cuatro Estados olvidaron tener en cuenta el factor de la diferencia horaria y llegaron una hora antes de que nosotros estuviéramos preparados para recibirles. No teníamos todavía hojas para apuntarles, y las pizzas no habían llegado aún. Fue un mal comienzo.

Entonces, descubrimos una importante mala comunicación. El profesor de los estudiantes les dijo que harían campaña para la carrera del gobernador, y no para las carreras al Tribunal Supremo. Cuando se enteraron, se quedaron defraudados, y algunos se molestaron. Sentían que les habían engañado, y algunos quisieron irse en ese mismo instante.

En ese momento, solo tres miembros de la campaña estaban en el lugar: Alex, Brett y otro muchacho de diecisiete años llamado Jonathan Monplaisir. Queríamos meternos en un agujero y desaparecer. Entonces los alumnos universitarios descubrieron nuestras edades, y que nosotros éramos los que estábamos a cargo, y pareció que las cosas no podían empeorar más. Por fortuna, no lo hicieron.

Hicimos muchas llamadas telefónicas y pudimos lograr que los candidatos llegaran en seguida allí para darles una pequeña charla a los estudiantes. Llamamos al profesor y obtuvimos una declaración de su parte admitiendo que el error fue suyo y que creía firmemente que ayudar a nuestros candidatos era tan importante como ayudar en la carrera del gobernador.

A lo largo de esa tarde, pudimos organizar las cosas de nuevo, llevar pizza a los hambrientos estudiantes, reunir más de mil carteles para la campaña, cargar cientos de miles de periódicos en los vehículos y hacer que todos pudieran acostarse. Comparados con esas primeras horas, los dos días siguientes marcharon como un reloj.

Las pesadillas se producen, pero no deberíamos sorprendernos. La Biblia nos advierte que cuando seguimos de forma activa la misión de Cristo, nos encontraremos con obstáculos. Por lo tanto, nuestra mejor respuesta es estar prevenidos, y no aterrorizarnos cuando suceda eso. En realidad, hemos descubierto que las pesadillas le proporcionan a tu vida de oración un verdadero impulso, y te enseñan mucho sobre moverte a toda velocidad. Protégete a ti mismo y a tu equipo del desaliento buscando la mano de Dios en cada situación.

9. No tires la toalla

La colaboración exitosa casi siempre requiere que muchas personas trabajen juntas durante un largo período. Así que el trabajo en equipo requiere perseverancia.

Habría sido fácil para Katrina renunciar a su gran idea mucho antes de que se llevara a la práctica. Ella no conocía a ninguna persona que pudiera (o quisiera) ayudarle. Incluso en nuestros foros, la respuesta inicial a su idea de preguntarles a los muchachos acerca de la modestia fue mucho menos que entusiasta. Otras muchachas señalaron lo delicada y lo incómoda que sería una discusión pública sobre el tema. Ella estuvo a punto de tirar la toalla, pero su mamá la alentó a seguir adelante y a preguntarnos de forma directa. «Fue necesario algo de convicción», dice ella, «pero estoy muy contenta de no haberme dado por vencida».

10. El éxito se produce (en más de una manera)

Hemos descubierto que la colaboración no es solo *cómo* logramos grandes cosas difíciles; con frecuencia se convierte ella misma en una gran cosa difícil. Eso significa que deberíamos medir nuestro éxito no solo por la meta a la que aspiramos, sino también por lo bien que trabajamos juntos para llegar hasta allí. Busca en el esfuerzo de tu equipo las victorias pequeñas, pero importantes: avances personales, victorias espirituales, difíciles listas de quehaceres terminados, lecciones aprendidas, desastres totales convertidos en éxitos de calidad. Todas esas cosas son éxitos de diferentes tipos, y todas son importantes.

Nuestros dos principales esfuerzos en equipo, las campañas de Alabama y la encuesta sobre la modestia, tuvieron resultados finales muy distintos. La encuesta sobre la modestia resultó mejor de lo que habíamos imaginado. Perdimos las elecciones. Sin embargo, en cierta manera, ambas cosas fueron exitosas porque los jóvenes involucrados se fortalecieron en el proceso. Realizaron verdaderos logros, obtuvieron valiosa experiencia, impactaron a otros para bien y aprendieron lecciones acerca del trabajo en equipo y las grandes cosas difíciles que podrán seguir manteniendo para siempre.

Aborda grandes cosas difíciles

Lo más emocionante sobre lanzarse al resto de las grandes cosas difíciles es que cuando Dios te llama, Él proporcionará la ayuda que necesites para realizar el trabajo. Por lo tanto, no le tengas miedo a abordar grandes metas junto con otros. Tu primera gran cosa difícil quizá no sea recaudar treinta y dos mil dólares, coordinar una campaña o lanzar una encuesta en línea. Sin embargo, al igual que con cualquier cosa difícil, las grandes cosas difíciles que puedas lograr se harán mayores a medida que tú te hagas más fuerte.

Esperamos que hayas visto que los grandes proyectos no tienen que esperar hasta más adelante. Juntos podemos lograr grandes cosas para Dios, a partir de hoy mismo. Nos encanta el modo en que lo expresó Katrina:

> En ese momento, nada parecía extraño en lo absoluto, pero cuando ahora vuelvo la vista atrás, me deja sorprendida por completo. Todos teníamos dieciocho años de edad o menos. Yo solo tenía quince. Esto hace que me pregunte: ¿qué *más* es posible cuando los adolescentes trabajan juntos? Hubo alrededor de cinco personas principales trabajando en la encuesta sobre la modestia. ¡Imagina lo que podríamos hacer con un equipo de cien personas!

¿Qué podrías hacer *tú* con tres personas, o diez, o cien? Ora y planea. Después, decídete por eso.

PEQUEÑAS COSAS DIFÍCILES

Cómo hacer cosas difíciles que no surten efecto de inmediato

Joanna colgó el teléfono anonadada. Durante meses había estado haciendo el conteo regresivo de los días hasta que llegara el viaje a Rumanía. Ahora su padre había llamado para decir que el viaje se había cancelado.

«Se me rompió el corazón», nos dijo Joanna más tarde. «Sentí como si me hubieran sumergido en el agua sin poder respirar».

Ese verano, en lugar de un emocionante viaje a Rumanía para hablar del evangelio, Joanna se encontró atascada en su casa en Tennessee. Con su madre pasando por algunos problemas graves de salud, y siendo ella la hija mayor en casa, Joanna era la que tenía que ocuparse de las comidas, el lavado de la ropa, el cuidado de sus hermanos menores y de la limpieza.

No era justo el verano que había planeado. «Fue *difícil*», dijo Joanna. «Una de las épocas más difíciles de mi vida».

¿Te has sentido alguna vez como Joanna? ¿Preparado y motivado para abordar algo grande y emocionante, pero atascado en contra de tu voluntad en una serie de tareas aparentemente interminables?

¿Cómo reconciliamos el hecho de que haya un gran mundo ahí fuera al que impactar para Dios con el hecho de que estemos atascados en casa emparejando calcetines de la ropa lavada y con otro montón por lavar? ¿Qué tienen que hacer los rebelucionarios con las cosas pequeñas y al parecer insignificantes que requieren tanto tiempo y energía? ¿Cómo encajan en «haz cosas difíciles» cosas como lavar los platos y escribir informes de laboratorio para la clase de biología?

Los rebelucionarios tienen que pensar con claridad en este problema, o nos meteremos en una emboscada en nuestro camino hacia hacer grandes cosas para Dios. Además, nos perderemos el genuino significado y los beneficios ocultos de lo que nos gusta denominar «pequeñas cosas difíciles».

Remienda redes y limpia el pescado

En la clásica novela de Rudyard Kipling, *Capitanes intrépidos*, a Harvey Cheyne, de quince años de edad e hijo de un rico magnate del ferrocarril, lo lanzan por la borda de un trasatlántico y lo rescatan unos pescadores.

Con frío, mojado y olvidado por primera vez en su cómoda existencia, Harvey al principio intenta convencer a los pescadores de la gran riqueza de sus padres. Quiere que ellos abandonen su período de pesca y le lleven a la costa, donde promete que su padre les recompensará con generosidad. Sin embargo, sus ruegos no dan resultado. Al final, se ve forzado a ganarse la vida remendando redes y limpiando pescado.

Al principio, Harvey no puede creer en su mala suerte. El agotador trabajo, las largas horas, el hedor y el frío le angustian y le abruman. Aun así, con el paso del tiempo, Harvey cambia de forma misteriosa. Su cuerpo se endurece. Aprende a utilizar sus manos y su cabeza para realizar las tareas y capear las pruebas de pescar en mar abierto. En realidad empieza a disfrutar de las dificultades y a admirar la fuerza y la inteligencia de sus nuevos compañeros.

Cuando al fin el barco regresa a puerto, Harvey avisa por cable a sus padres, quienes acuden en seguida a la pequeña ciudad. Sorprendidos, descubren a un hijo transformado. Su muchacho perezoso y demandante se ha convertido en un joven diligente, serio y considerado. Sin querer ni necesitar más la constante adoración de su madre, Harvey está preparado para comenzar una exitosa carrera en las compañías navieras de su padre.

Quizá te sientas olvidado y solo, trabajando en rutinas sin sentido que parecen garantizar que no llegarás a ninguna parte. Sientes que tienes un increíble potencial, pero todo se va a desperdiciar.

Lo cierto es que tu vida (tanto ahora como más adelante) requerirá que inviertas mucho tiempo y energía en cosas que no son grandes y que no parecen causar mucho impacto. Algunos días ni siquiera tienen sentido. A veces, las cosas más insignificantes pueden ser las cosas más difíciles de todas.

Con todo y eso, en este capítulo te mostraremos el gran papel que esas pequeñas cosas difíciles pueden desempeñar para todos nosotros, no solo ahora, sino durante el resto de nuestras vidas. Creemos que aprenderás lo que aprendió Harvey: no solo es necesario hacer pequeñas cosas difíciles, sino que también proporcionan increíbles dividendos en la vida y en el futuro de todo rebelucionario.

Por qué lo pequeño resulta tan difícil

Durante nuestro período de práctica jurídica, nos sorprendió descubrir que las cosas más difíciles para nosotros no eran los proyectos que nos daban en el tribunal. Sin duda, esas cosas eran difíciles, pero también eran casi siempre emocionantes e importantes. Las cosas más difíciles para nosotros eran las pequeñas cosas como mantener limpio nuestro cuarto, irnos a dormir a tiempo, leer nuestra Biblia cada mañana y mantenernos en contacto con nuestra familia.

Es probable que hayas experimentado lo mismo en tu propia vida. Para ti podrían ser cosas como leer tu Biblia y orar. Quizá sea hacer tareas familiares cuando (y como) tu mamá quiere que las hagas. Tal vez sea levantarte a tiempo, hacer ejercicio con regularidad o decirles no a ciertas distracciones y tentaciones. Para nosotros, a menudo han sido todas esas cosas y más. Cualquiera que sean para ti, no son grandes cosas, pero son difíciles.

En la mayoría de los casos, las cosas pequeñas se producen tras las puertas cerradas de nuestras casas, escuelas o iglesias. Rara vez son nuevas o emocionantes, y con frecuencia son repetitivas e incluso tediosas. Las cosas pequeñas suceden en el nivel en el que casi siempre vivimos la vida. A decir verdad, en el sentido más básico *son* nuestra vida: las «cosas» que constituyen nuestra vida cotidiana. No llegarás a verlas en los titulares («¡Muchacho de la localidad limpia su cuarto y hace su tarea!»). ni te despertarás esperando que lleguen («¡Vaya! ¡Hoy voy a obedecer a mi mamá con alegría!»).

Nosotros intentamos descubrir con exactitud por qué las pequeñas cosas difíciles son tan difíciles. Comprueba si estás de acuerdo con nuestras cinco razones principales:

1. *Por lo general, no se eliminan después de que las hagas.* «Mi cuarto no se mantiene limpio. Los platos no siguen lavados. Los dientes no se quedan cepillados. Siempre hay otro examen para la escuela y otra tentación a la cual decirle no. Una y otra vez. ¿Se detiene alguna vez?»

2. *No parecen muy importantes.* «Pasar tiempo con mi hermano pequeño no es tan importante como recaudar dinero para los huérfanos en África o prestarme como voluntario para una campaña política. Se supone que debo hacer grandes cosas para Dios. Esto es una distracción».

3. *No parecen ser determinantes en lo absoluto.* «En cinco años, ¿importará en realidad si limpié mi cuarto hoy?

¿O si sobrepasé el límite de velocidad al ir al trabajo? ¿O si leí mi Biblia esta mañana? ¿Cómo me beneficio de hacer esas cosas?»

4. *No parecen muy glamurosas.* «No obtengo ningún beneficio por guardar la calma con mi papá. Nadie lo sabe siquiera. Y ahora estoy limpiando el baño. Es un trabajo desagradable y desagradecido. ¡Asqueroso! Esto no es lo que yo esperaba».

5. *Nadie te mira.* «Todos están impresionados porque ella está realizando una recaudación para pacientes de cáncer. Nadie sabe ni le importa que yo me esté ocupando de mi abuela y estudiando para mis exámenes».

Lo lamentable es que tendemos a responder a esas pequeñas cosas difíciles de maneras no tan rebelucionarias. Por lo tanto, aparte de enumerar cinco razones por las que las cosas pequeñas son difíciles, también descubrimos *cinco maneras de no hacer las pequeñas cosas difíciles.* Comprueba si puedes reconocerte haciendo alguna de las siguientes:

1. *Posponer las cosas.* «Claro, me ocuparé de eso... más adelante. En un minuto. Después que... Ah, mira. Ya es hora de acostarse».

2. *Incoherencia.* «Sí, ya he leído mi Biblia. En realidad, la leí esta mañana. Claro que no lo hice ayer ni el día anterior, pero lo hice el martes pasado... creo».

3. *Concesiones.* «Lo haré solo esta vez. Una sola vez no puede hacer daño, ¿verdad? Quizá tan solo sea una vez más. Después lo dejaré para bien. Ah... solo una vez más».

4. *Quejas.* «Muy bien, ¡lo haré si tengo que hacerlo! Aun así, no esperes que lo haga con una actitud decente».

5. *Engaño.* «Mira, limpié muy bien mi cuarto. Al menos, si no miras en el armario, o debajo de la cama, o en mis cajones, o en el cesto de la ropa sucia».

A menudo, las cosas pequeñas *parecen* rutinarias, insignificantes y sin sentido. En cambio, ¿lo son?

Nosotros no lo creemos. La evidencia de la sabiduría, la Biblia, la historia y las experiencias de personas como Joanna muestran otra cosa diferente.

Lo cierto es que los grandes regalos con frecuencia están ocultos en esos pequeños paquetes.

El plan detrás del dolor

«Dios tenía un plan», dice Joanna reflexionando en su viaje cancelado a Rumanía y el verano que pasó ocupándose de su familia. «Y era *mucho* mejor que el mío. Si eso nunca hubiera sucedido, yo no habría aprendido a cocinar mejor, ayudar a mis hermanos menores, ni a ocuparme de las cosas en la casa. Puedo decir con sinceridad que estoy agradecida por esta prueba, aunque fue muy difícil».

Al igual que Harvey en *Capitanes intrépidos*, Joanna aprendió que las pequeñas cosas te equipan para las grandes cosas en el futuro. Los hábitos como trabajar duro, mantener una actitud positiva, vivir con autodisciplina e integridad y servir a los demás causan beneficios a nuestras vidas en el presente *y* pagan enormes dividendos en el futuro... si las hacemos con fidelidad.

Echa un atento vistazo al pesado trabajo en el que estás atascado hoy. Si es hacer un esfuerzo por ser amable con uno de tus hermanos, estás logrando al menos dos cosas: moldeando tu futura relación con ese hermano o hermana y preparándote para el modo en que te relacionarás con tu futuro cónyuge y tus compañeros de trabajo. Si estás trabajando con esfuerzo en química hoy, estás influyendo en tu futuro académico a la vez que ejercitas y fortaleces tu cerebro para resolver situaciones complejas más adelante en la vida.

Hacer cosas difíciles es el modo en el que ejercitamos nuestro cuerpo, nuestra mente y nuestra fe. Las pequeñas cosas difíciles son las repeticiones individuales, como una flexión. Al parecer, son insignificantes en sí mismas, pero garantizan la obtención de resultados a lo largo del tiempo.

Como podrías esperar, Dios se interesa mucho en las pequeñas cosas, y la Biblia tiene mucho que decir en cuanto a estas. En el Evangelio de Mateo, Jesús narra la parábola de los talentos. En esta historia, un noble le entrega a cada uno de sus siervos cierta cantidad de dinero (llamado «talentos») antes de irse de viaje. Cuando regresa, dos de los siervos le dicen que pusieron su dinero a trabajar y duplicaron lo que recibieron. El señor elogia a cada uno de esos siervos diciendo: «¡Hiciste bien, siervo bueno y fiel! En lo poco has sido fiel; te pondré a cargo de mucho más» (25:21). El Evangelio de Lucas nos dice que el «más» del que estaba hablando eran ciudades completas. No podrías pedir un mejor ascenso que ese.

Sin embargo, el tercer siervo, el que no hizo nada en absoluto con lo que se le entregó, recibió una represión. «¡Siervo malo y perezoso!», le dijo su señor, e hizo que al hombre perezoso lo echaran a la calle (Mateo 25:26). Perdió hasta lo que tenía.

Otro cuadro de las cosas pequeñas en la Biblia está en Gálatas 6:7, donde Pablo escribe: «No se engañen: de Dios nadie se burla. Cada uno cosecha lo que siembra». Cada acto, por pequeño que sea, está definiendo nuestra futura cosecha. Las semillas pequeñas pueden producir grandes malas hierbas, pero también pueden producir hermosas flores o alimentar a una nación.

No obstante, es ahí donde tropiezan los siervos perezosos (y muchos de nosotros). Disfrutamos de la cosecha, pero no disfrutamos de sembrar y cultivar la buena semilla. Disfrutamos de estar en forma y ser fuertes, pero no disfrutamos del ejercicio. Todos queremos hacer cosas grandes e importantes, pero tendemos a desechar las cosas pequeñas, importantes por igual, que nos llevan hasta allí.

Es ahí donde entra de manera mental lo de «haz cosas difíciles». Nos recuerda que algunas veces las cosas más pequeñas pueden ser las cosas más difíciles, y que el propósito del esfuerzo es obtener fortaleza. Ser fieles en las cosas más pequeñas es el camino para obtener, mantener y demostrar la fortaleza necesaria para lograr algo grande.

Uno de los mejores ejemplos de esto que hemos encontrado está en los vikingos. Y no, no estamos hablando del equipo de fútbol americano.

Una lección de los vikingos

Los vikingos eran feroces piratas y guerreros que aterrorizaron al norte de Europa hace casi mil años. Saquearon y quemaron casi cada país europeo que tuvo la mala fortuna de tener costa en el océano Atlántico. Los europeos estaban tan atemorizados por la amenaza vikinga que muchas veces las iglesias elevaban una oración especial: «Dios, líbranos de la furia de los hombres del norte».

La mayoría de los historiadores atribuye la eficiencia devastadora de los vikingos a sus barcos de guerra, que eran lo bastante ligeros para arrastrarlos hasta la costa. Eso permitía que los asaltantes dieran golpes muy rápidos, y después se retiraran con rapidez a la seguridad del mar.

Sin embargo, otro factor que contribuyó tiene un gran significado para los rebelucionarios: los vikingos remaban ellos mismos hasta la batalla. La mayoría de las demás potencias marítimas de la época utilizaban esclavos o remeros profesionales para impulsar sus barcos de guerra, pero los vikingos asumían toda la responsabilidad de esa actividad repetitiva y agotadora. Eso nos dice una cosa muy importante sobre ellos: estaban fuertes de verdad.

No es extraño que todo un continente viviera con temor a ellos. Por la simple fuerza de sus músculos, por rutina movían barcos de veinte toneladas recorriendo kilómetros en el océano. Cuando salían de sus barcos y comenzaban a mover sus hachas en la batalla, no importaba si alguien llevaba un escudo o hiciera una barricada en la puerta. Tenía muy pocas probabilidades.

La increíble fuerza del torso de los vikingos les hacía ser casi invencibles.

Todos podemos aprender una lección sobre las pequeñas cosas difíciles de los vikingos. *Si* estamos dispuestos a esforzarnos por la excelencia, incluso en las tareas aburridas y repetitivas y las responsabilidades que otros delegan o pasan por alto, *cosecharemos* los poderosos beneficios que se perderán otros.

La aceptación de las pequeñas cosas difíciles puede marcar una diferencia radical.

Hecho, hecho, ¡hecho!

«Siempre he sido una remolona», admitió en una carta Katie, en primer año de secundaria. «Siempre pensé que *sería* remolona. Pensé que a pesar de todas mis esperanzas y sueños, seguiría fallando». Katie nos dijo que evitaba cualquier cosa que no quisiera hacer durante tanto tiempo como fuera posible y por rutina entregaba tarde las tareas escolares. «El diccionario define a una persona remolona como alguien que "retrasa de manera intencional y habitual hacer algo que debería hacer". Así era yo».

Para Katie, el momento del cambio llegó cuando obtuvo una mala nota en Álgebra 2. En realidad, eso le hizo despertar. De repente, podía verse moviendo hamburguesas en una cadena de comida rápida *como su carrera*. Entonces, decidió abordar su propia cosa muy difícil: el posponer las cosas.

«Esa vez, me prometí que sería diferente. Escogí mis clases con cuidado, y puse en orden mis prioridades. Dejé el equipo de voleibol. Puse mi despertador. Confeccioné un horario y lo seguía a rajatabla. No quería darme la oportunidad de volver atrás».

Varios meses después de ponerse como meta superar su problema de posponer las cosas, la vida de Katie ha cambiado de modo extraordinario. A continuación está el modo en que ella misma describe su vida ahora:

No me quedo atrás en nada. A decir verdad, voy adelantada en el calendario en un par de cosas. Acabo de obtener un sobresaliente en un examen de historia la semana pasada. Tuve tiempo para aceptar un empleo regular como niñera y participar en algunas actividades extracurriculares como debates y oratoria. En realidad, tengo tiempo para sentarme y escribir esta historia.

Vencer mi tendencia a retrasar las cosas es lo más difícil que he tenido que hacer jamás. Eso podría parecerles trivial a otros, pero para mí es una cuestión de belleza. Yo no soy inútil. Sigo teniendo la oportunidad de perseguir mis sueños. Desde luego, tengo que mantener mi compromiso, pero ahora que sé que es posible, no voy a volver atrás al modo en que solían ser las cosas.

Mi libreta de tareas se ha convertido en mi trabajo más valioso con todas sus hermosas marcas: hecho, hecho, ¡hecho!

¿Qué pequeñas cosas difíciles han venido a tu mente mientras leías las historias de Joanna, Harvey, Katie y los vikingos? Si eres como nosotros, siempre habrá ciertas tareas o responsabilidades que quieras pasar por alto. Nosotros a menudo tenemos que recordar lo que en realidad es de suma importancia, a fin de mantener la mirada en esas esferas donde tendemos a resbalar. He aquí un par de preguntas para ayudarte a hacer lo mismo:

- Piensa en una tarea regular o diaria que detestes y que te lleve menos de cinco minutos al día. ¿Cómo la manejas con mayor frecuencia? ¿Retraso? ¿Incoherencia? ¿Irritación? ¿Cómo podrías beneficiarte de un cambio de actitud y un compromiso renovado en esa pequeña cosa?
- ¿Tienes una gran meta para tu vida que no puedes lograr sin un compromiso a las pequeñas cosas difíciles? Escribe cuál es tu gran meta. Después escribe las pequeñas cosas difíciles que te ayudarán a alcanzarla, y con cuánta

fidelidad la realización de esas pequeñas cosas difíciles ahora te ayudará a lograr tu sueño más adelante.

Recuerda: a medida que te comprometes hoy a la excelencia, a hacer las pequeñas cosas difíciles que Dios te ha dado, Él te dará la fortaleza. Con el tiempo, las tareas *serán* más fáciles, y los beneficios de hacerlas serán cada vez más obvios.

«Aquí vivió un gran barrendero»

Ahora, una pregunta difícil: ¿podemos darle significado al más sencillo y humilde de los actos? No es muy difícil reconocer que la práctica fiel de hacer pequeñas cosas difíciles debería valorarse como una preparación vital para futuros logros, ¿pero son importantes por sí mismas?

Sí. Cada tarea que realizamos con un sincero esfuerzo y la actitud adecuada agrada a Dios. En Colosenses 3:23, Pablo escribió: «*Hagan lo que hagan*, trabajen de buena gana, como para el Señor y no como para nadie en este mundo». Y en 1 Corintios 10:31, dice de nuevo: «*Háganlo todo* para la gloria de Dios».

Nos encanta el modo en que Martin Luther King Jr. abordó este asunto para nosotros en todos los aspectos de la vida:

> Si te ha tocado ser barrendero en las calles, barre las calles igual que Miguel Ángel pintaba sus pinturas, barre las calles igual que Beethoven componía música [...] Barre las calles igual que Shakespeare escribía poesía. Barre las calles tan bien que todas las huestes del cielo y de la tierra tengan que hacer una pausa y decir: Aquí vivió un gran barrendero que hacía bien su trabajo.

Al igual que el barrendero, tus actos en tu casa, en la escuela, en la iglesia y en cualquier otro lugar en tu comunidad pueden dar honor y gloria a Dios si estás dispuesto a entregarte a ellos al cien por cien solo porque son las cosas que *Él* te ha dado para que las hagas.

Acepta hoy tu desafío vikingo de hacer pequeñas cosas difíciles. El hecho de que te enfrentes a esas tareas indeseadas no es un error; es una oportunidad. Por eso te alentamos a que pongas todo tu empeño en cada golpe de remo.

Y debido a que Dios es bueno, al hacer con todo tu corazón lo que Él te ha puesto delante, independientemente de si te parece importante o no, te encontrarás a ti mismo beneficiado y fortalecido, preparado para la siguiente gran cosa.

LA ADOPCIÓN DE
UNA POSTURA

Cómo hacer cosas difíciles que
van en contra de la corriente

E va vive en una parte rural de Alemania donde casi todo el mundo es «cristiano», pero pocos son serios en cuanto a seguir a Cristo. La opinión general en su pueblo, según nos dijo ella en un mensaje de correo electrónico, es que la religión no te hará daño y podría ser útil en los momentos difíciles. Por lo tanto, cuando Eva, a los dieciséis años, decidió vivir *de verdad* para Dios, de inmediato se encontró en conflicto con la cultura, en particular con la cultura joven en su región, la cual gira en torno a las fiestas los fines de semana en las que los estudiantes se olvidan de la escuela y beben mucho alcohol.

En el mundo de Eva, esas fiestas no se consideran complementos a tu vida social: *son* tu vida social. Incluso los padres en su pueblo las aceptan como normales. Casi cada conversación en la escuela durante la semana está relacionada con las fiestas. Siempre es: «¿Viste a ese muchacho con Melanie?» o «¿Dónde estabas cuando Daniel comenzó a bailar con el DJ?». En cuanto termina el chismorreo sobre la fiesta de la última semana, comienzan los planes para la siguiente. La vida se vive de un fin de semana al otro, y para ser parte del grupo de moda, uno tiene que estar allí.

Todos esperan que Eva asista, pero ella ahora es cristiana. ¿Debería decidir quedarse en casa aunque eso la convierta en una marginada social? ¿Quizá podría tan solo ir y quedarse en un rincón? Ella no desearía que las personas creyeran que los cristianos no pueden divertirse nunca, ¿no es cierto?

¿Has tenido alguna vez que tomar una decisión como la de Eva? Quizá fuera si debías ir a ver cierta película con el grupo. A lo mejor se trata de no comprar cierta ropa porque atraía la atención de la manera equivocada. O es posible que tu maestro te pidiera que dieras tu opinión en una discusión en clase sobre ética. De repente, una docena de pares de ojos se dirigen hacia ti. Tu corazón comienza a latir cada vez con más rapidez y con más fuerza. Tus mejillas se enrojecen. Esa es tu oportunidad de defender lo que crees, pero tienes miedo. ¿Qué pensarán los demás? ¿Y si dices algo equivocado? ¿Por qué eso es tan difícil?

A veces, sí adoptamos una postura con respecto a lo que creemos. Le decimos a alguien que no está bien utilizar el nombre de Dios como maldición, o les preguntamos a nuestros amigos no creyentes lo que piensan que sucede después de la muerte. Sin embargo, muy a menudo parece que nos hundimos cada vez más hondo en nuestra silla, nos enfocamos a propósito en nuestro libro de texto, cambiamos el tema, nos vamos de la habitación, o solo le decimos a nuestra conciencia que se vaya a dar un paseo. *Nuestras convicciones son un asunto privado*, racionalizamos (es decir, mentiras racionales). *Es importante no destacarse ni parecer como si fuéramos mejores que los demás.*

En este capítulo nos enfocaremos en el quinto y último tipo de cosas difíciles de los rebelucionarios: adoptar una postura, incluso cuando sea impopular. Esta es una de las cosas más difíciles de hacer para los adolescentes (o para cualquiera, en realidad). Va en contra de nuestro deseo natural de ser parte del grupo, de caer bien, de entablar amistades. No hay nada como poner a prueba nuestras convicciones. Miraremos con sinceridad algunos de los costos de esa decisión: podrías perder amigos y popularidad, podrías perder oportunidades y, en algunos países, podrías hasta perder tu propia vida.

Sin embargo, también veremos algunas de las genuinas bendiciones que pueden llegar como resultado de defender lo que es adecuado. Todo se reduce a un principio en el corazón del carácter cristiano: tiene que importarnos más agradar a Dios de lo que nos importe agradar a los hombres. Como Eva está descubriendo, una decisión como esa cambia casi todo en tu manera de vivir.

Incluso puede cambiar el curso de la historia.

¿Qué te define?

Toda la confusión y la indecisión de Eva se disiparon cuando se encontró con las palabras que Jesús oró por sus discípulos, y por todos los que creerán a lo largo de las edades:

> Yo les he entregado tu palabra, y el mundo los ha odiado *porque no son del mundo*, como tampoco yo soy del mundo. No te pido que los quites del mundo, sino que los protejas del maligno. *Ellos no son del mundo, como tampoco lo soy yo.* (Juan 17:14-16)

Desde ese momento en adelante, Eva supo que no podía continuar viviendo como sus compañeros. Ella era una embajadora, perteneciente al reino de Dios y no a Alemania ni a su cultura juvenil. Vivía en un mundo de fiestas, pero ya no tenía que ser parte de eso. Y si el mundo la odiaba por su decisión, que así fuera. Su misión no era amoldarse. Era ser fiel.

Nos recuerda una escena del musical de Rogers y Hammerstein, *¡Oklahoma!*, en el cual los personajes están haciendo un elogio fúnebre para ese «mezquino y feo compañero» Jud Fry. Ellos entonan con solemnidad:

> Jud era el hombre más malentendido en el territorio. La gente solía pensar que era un mezquino y feo compañero, y le llamaban sucio borracho y malhumorado ladrón de cerdos.
>
> Aun así, quienes le conocían de verdad, sabían... que Jud Fry amaba a sus congéneres [...]
>
> Él amaba a las aves del bosque y a los animales del campo. Amaba a los ratones y a los insectos del granero, y trataba a las ratas como iguales, lo cual era apropiado. Ah, y quería a los niños. ¡Él amaba a todos y todo en el mundo entero! Solo que él nunca decía nada, y por eso nadie lo sabía.

Y aunque se supone que esa es una escena divertida, necesitamos preguntarnos si no podría decirse lo mismo de nosotros en nuestros propios funerales. ¿Y si Curly estuviera diciendo *tu* elogio fúnebre? ¿Sería algo parecido a lo siguiente?

> Joe Adolescente fue el joven más malentendido en todo este país. La gente solía creer que lo único que le importaba era divertirse y holgazanear. ¡Le llamaban adolescente rebelde y niño necio! Sin embargo, lo que le conocían de verdad, sabían que por debajo de la computadora, el *iPod*, la televisión, la *Xbox 360*, sus novias, su mala actitud hacia sus padres, su egoísmo y su pereza, latía un corazón para Dios tan grande como la naturaleza.
>
> Joe Adolescente amaba a Dios y a su familia. Él sabía que sus años de adolescencia eran su período de formación estricta, lo cual era apropiado. Y él quería influir en el mundo para Cristo. Quería defender lo que era bueno delante del mundo entero. Solo que él nunca decía nada, y por eso nadie lo sabía.

Eva entendió, al igual que lo debemos entender nosotros, que un corazón cambiado dará como resultado una vida cambiada; que la verdadera fe salvadora en Jesucristo se demostrará en nuestros actos. El apóstol Santiago escribió en Santiago 2:18: «Sin embargo, alguien dirá: "Tú tienes fe, y yo tengo obras". Pues bien, muéstrame tu fe sin las obras, y yo te mostraré la fe por mis obras». Por favor, comprende que somos salvos solo por la fe, pero la verdadera fe salvadora no se queda sola.

Este no es un llamado para hacer un desfile de nuestra religiosidad, sino que significa que una verdadera fe cristiana inundará nuestra vida. Significa que cuando ves cierta película o te ríes por cierta broma, eso te dice a ti y a los demás algo sobre el estado de tu corazón.

Para Eva, significaba que solo juntarse con la multitud no era una opción. «Si ser cristiana no cambia mi manera de actuar en el exterior», razonaba ella, «entonces, ¿cómo puedo decir que hubo algún cambio verdadero en el interior?».

Haz lo debido, aun cuando te duela

Sabía que tenía que tomar la decisión adecuada, pero Eva seguía teniendo que afrontar las consecuencias de adoptar una postura. Sus amigas y compañeros de clase se preguntaron de inmediato por qué ella no asistía a las fiestas. Incluso, algunos de los adultos en su pueblo no podían entenderlo.

En la escuela, a Eva la apartaron de repente de toda la murmuración y la conversación. Debido a que ella dejó de ir a las fiestas los fines de semana, sus compañeros de clase comenzaron a considerarla una extraña aburrida, etiqueta que a Eva le resultó muy difícil de llevar.

«Tengo que admitir que hubo veces en las que solo quería volver a tener un sitio», dice ella. «A veces era muy difícil no ser parte de la multitud, ni pertenecer al grupo de moda, ni tener un grupo adecuado de amigos».

La postura de Eva significó rechazo y que no la comprendieran sus compañeros. Sin embargo, en otras partes del mundo, las consecuencias son incluso más graves. En la India, a dos adolescentes los rodearon y los golpearon por distribuir folletos de la Biblia. En China, una muchacha de dieciséis años recibió un disparo en la cabeza por negarse a escupir sobre la Biblia. A cristianos en todo el mundo los persiguen, los torturan y los matan por su fe.

Por fortuna, Eva sabía en lo que se estaba metiendo. Ya había leído los pasajes de la Biblia que advierten de que algunos podrían aborrecernos porque no queremos seguir los caminos del mundo. Sabía que no tenía el llamado a seguir a Jesús solo cuando recibiera gestos de aprobación por esto; tenía el llamado a seguirle incluso cuando doliera. Y si ella no estaba dispuesta a seguirle cuando dolía, en realidad no le estaba siguiendo en absoluto.

Al fin y al cabo, eso es justo lo que significa para nosotros adoptar una postura: hacer lo bueno, incluso cuando nos cueste algo.

Nosotros sabíamos que estábamos adoptando una postura cuando realizamos la encuesta sobre la modestia, pero siguió sorprendiéndonos la oposición que causó. Aunque miles de muchachas agradecieron la encuesta como un recurso útil, otras muchas la consideraron una lista de reglas o sintieron que estábamos culpando a las mujeres por los problemas de los hombres. Las páginas web feministas escribieron mordaces artículos llamándonos «fundamentalistas reprimidos sexualmente» y enviaron a cientos de sus lectores a nuestra página para que pusieran comentarios enojados. Dos de esos visitantes nunca dedicaron el tiempo para estudiar de verdad los resultados de la encuesta por su cuenta, sino que en seguida llegaron a la conclusión de que nosotros detestamos a las mujeres y queremos que se vistan tapadas hasta el cuello. Por cada puñado de mensajes de correo electrónico de agradecimiento, recibíamos al menos un mensaje en tono obsceno que nos decía con exactitud lo que merecíamos por nuestra «actitud de juicio». Incluso Katrina tenía una amiga que le echó un sermón sobre la encuesta, sin darse cuenta de que ella era una de sus creadoras.

Si hubiéramos sabido que nos enfrentaríamos a la oposición por haber adoptado una postura, todos podríamos habernos visto abrumados y desalentados. Con todo y eso, en una cultura que glorifica la impureza, no es sorprendente que algunos se sientan amenazados por un grupo de adolescentes que quieren ser puros.

Cuando tomamos decisiones de obedecer a Dios, incluso cuando nos cuesta algo, y practicamos nuestra fe en nuestra vida cotidiana, será difícil, pero también será bueno. Y será bueno porque a Dios le encanta bendecirnos cuando somos fieles en adoptar una postura a favor de Él.

Siempre nos alegraremos de haberlo hecho

¿Recuerdas la historia de José en el Antiguo Testamento cuando sus celosos hermanos mayores lo vendieron como esclavo? Años después, cuando una hambruna barría la tierra y los hermanos suplicaban alimentos, volvieron a encontrarse con José, que había llegado a convertirse en el gobernador de Egipto, y quien guardaba las provisiones de alimentos. Cuando entendieron quién era José, los hermanos tuvieron temor por sus vidas, pero José les reafirmó con una perspectiva memorable que agradecerá cualquier rebelucionario que haya recibido algunos golpes. José les dice a sus hermanos: «Es verdad que ustedes pensaron hacerme mal, pero Dios transformó ese mal en bien para lograr lo que hoy estamos viendo: salvar la vida de mucha gente» (Génesis 50:20).

Cuando adoptamos una postura para Dios, muchas veces sufriremos persecución de diversos tipos. A pesar de eso, Dios *está* obrando. Se está logrando un bien en muchas vidas, y muy a menudo *nosotros* somos los beneficiarios.

La decisión de Eva de abandonar las fiestas los fines de semana le produjo muchos beneficios inesperados, incluyendo la oportunidad de acercarse más a su familia. «Hice muchas cosas con mi hermano y mis hermanas», expresa Eva entre risas. «Además, nos divertimos muchísimo juntos».

No solo eso, sino que con el tiempo, la situación escolar mejoró también. «Mis compañeros de clase comenzaron a respetarme», nos dijo Eva. «No siempre podían entender mi conducta, pero la toleraban». Y hasta cuando a veces la consideraban una marginada en la escuela, Eva llegó a conocer a algunas muchachas buenas de verdad. «Comenzamos a conducir juntas a la escuela, y estudiábamos para nuestros exámenes», dice ella. «¡Hacer cosas tan normales les ayudó a entender que yo no era una muchacha extraña!»

Lo más importante es que Eva siente que Dios la protegió de mucho sufrimiento y dolor. «Me guardó segura y pura para Él», explica ella. «Él me dio fortaleza y sabiduría y no permitió que me quedara sola». Lo que Eva aprendió es que lo adecuado, aunque sea difícil, es lo más inteligente en realidad; y en muchos aspectos, lo más fácil. *¿Más fácil?*, preguntas.

Piensa en lo siguiente: Dentro de diez años, si les preguntaras a los compañeros de clase de Eva que van a las fiestas lo que pensaban que fue más difícil, si quedarse en casa y no ir a las fiestas durante dos años de secundaria o lidiar con las consecuencias del alcohol y la adicción a las drogas, las relaciones rotas, los embarazos no deseados y las enfermedades de transmisión sexual, es probable que dirían que Eva tomó la decisión «más fácil». Y tendrían razón.

O preguntémosle a Jordan, de quince años de edad y que asiste al instituto en Sacramento, California. Él fue junto con un gran grupo de otros adolescentes a ver la película sobre fútbol *Invencible*, solo para descubrir que los otros muchachos planeaban en realidad colarse en otra película para adultos, *La fiesta de la cerveza ¡Bebe hasta reventar!* Vio como su mejor amigo, Josh, compraba sus dos entradas para *Invencible*, pero podía decir que Josh estaba pensando en colarse también en *La fiesta de la cerveza ¡Bebe hasta reventar!*

«Estaría mintiendo si dijera que yo no batallé con la decisión en mi mente», admite Jordan. «Pero entonces dije: *No, no voy a entrar. Dios, voy a obedecerte*». Él se acercó y le dijo a Josh: «No necesitamos ver esa película, amigo. Vamos a ver *Invencible* y hacer lo que es debido. Yo voy a ver *Invencible*. Te pido que vengas conmigo. Es tu decisión». Ese aliento terminó siendo todo lo que necesitaba Josh, y los dos entraron y disfrutaron de *Invencible*.

El lunes siguiente, pillaron al resto de su grupo por haber ido a ver *La fiesta de la cerveza ¡Bebe hasta reventar!*, y Jordan y Josh fueron los únicos que no se metieron en problemas. «Fue una decisión difícil en ese momento», nos dijo Jordan, «pero los resultados a largo plazo fueron buenos en realidad, no solo en la escuela, sino también por haber tenido una victoria espiritual que recordarle a Satanás la próxima vez».

Para Jordan, Josh y Eva, hacer lo difícil de adoptar una postura terminó siendo en verdad la decisión más fácil al final. Y hasta cuando hacer lo debido no siempre dará como resultado un beneficio obvio para nosotros en esta vida, lo *hará* en la vida venidera.

Es como la cita de Jim Elliot, cuya vida se interrumpió de manera trágica cuando a él y a cuatro amigos los asesinaron al llevar el evangelio al pueblo auca en Ecuador: «No es un necio quien entrega lo que no puede guardar para obtener aquello que no puede perder».

Cuando entendemos eso, hacer lo difícil de adoptar una postura siempre será la decisión más fácil. En cada postura, Dios fortalecerá nuestras convicciones y nuestra fe; y estaremos preparados para desafíos aun mayores en el futuro.

Saber cuándo y cómo adoptar una postura

Sin embargo, antes de que comiences a lanzar tu cuerpo delante de cualquier excavadora, pensemos con más atención con respecto a *cuándo* deberíamos adoptar una postura y también *cómo* deberíamos manejarlo. El hecho es que podemos dar demasiada importancia a algo que no sea tan importante de verdad. Necesitamos sabiduría para entender cómo evaluar de manera adecuada cada situación, a fin de poder adoptar una postura en el momento oportuno, por lo que sea conveniente y por los motivos apropiados.

Con eso en mente, he aquí seis principios que sugerimos para guiar a los rebelucionarios cuando optan por adoptar una postura:

1. Comienza con la Biblia.
2. Examínate.
3. Escucha a tu conciencia.
4. Busca consejo piadoso.
5. Sé humilde, amoroso y valiente.
6. Sé parte de la solución.

Comienza con la Biblia

¿Qué dice la Palabra de Dios sobre ese asunto? Incluso si la actividad no está prohibida en forma directa, ¿está en línea con los principios bíblicos en general? Eva encontró la respuesta a sus preguntas con la lectura de Juan 17:14-16. No se suponía que este mundo la definiera a ella; la tenía que definir Cristo. Ser un estudiante regular de la Palabra de Dios es la mejor manera de tener la seguridad de saber cuándo y cómo adoptar una postura.

Además, cuando comiences, no te quedes enredado en temas oscuros como si no es bíblico que alguien se tiña el cabello de color púrpura (pista: no lo es). Solo porque algo sea nuevo, raro o carezca de buen gusto para alguien no necesariamente significa que no sea bíblico. La Escritura tiene mandatos que son más que suficientes (por ejemplo: «Hijos, obedezcan a sus padres»). Comienza siempre con lo que está claro en la Palabra de Dios.

Examínate

No te quedes atrapado intentando sacar la astilla del ojo de otra persona a la vez que no tienes en cuenta la gran viga que está en tu propio ojo (lee Mateo 7:3-5). El desafío de las normas culturales comienza contigo y con los mandamientos de Dios que ya conoces, pero que puede que estés acostumbrado a pasar por alto. Esto no significa que tengas que ser perfecto antes de poder enseñar a otra persona, pero sí significa que debes luchar la pelea tú mismo. Las personas que ni siquiera intentan practicar lo que predican se denominan hipócritas. No seas un hipócrita.

Escucha a tu conciencia

Nuestra conciencia es el sentimiento que Dios nos ha dado con respecto a lo que es bueno y malo, y a medida que leemos y aplicamos su Palabra, se afina de modo más preciso. Si te encuentras pensando que podría ser el momento de adoptar una postura, es probable que se deba a que tu conciencia te está mostrando las luces de advertencia. Escucha. En 1 Timoteo 4:2, el apóstol Pablo habla sobre personas cuyas conciencias están «encallecidas» por obviarlas a cada momento. La sociedad espera que los jóvenes disfruten de hacer cosas que saben que están mal, pero no consideran el costo. Si tú no puedes hacer algo con una conciencia limpia, incluso si otras personas pueden hacerlo, tú no deberías hacerlo (lee Romanos 14:23).

Una tradición de los indios navajos dice que tu conciencia es como un pequeño triángulo dentro de tu corazón. Cuando sabes que algo está mal, se gira y pincha la carne de tu corazón con uno de sus vértices. En cambio, cuando endureces tu corazón y pasas por alto tu conciencia, sigue girando y desgastando sus vértices en el esfuerzo por captar tu atención. Al final, el triángulo está tan desgastado que se vuelve suave y circular, girando una y otra vez alrededor de tu corazón, pero sin utilidad alguna, pues tú ya no puedes sentirlo.

No solo es nuestra propia conciencia la que debemos cuidar. El apóstol Pablo advierte en contra de hacer cosas que sabes que podrían alentar a un hermano o hermana en Cristo a violar su propia conciencia (lee 1 Corintios 8). A veces, tenemos que adoptar una postura por causa de otra persona, como cuando el grupo quiere ver una película que tú sabes que los padres de tu amigo no quieren que él vea.

Busca consejo piadoso

A menos que no tengas tiempo para pedir consejo (por ejemplo, cuando tienes que tomar una decisión rápida), siempre deberías buscar la opinión de los que son más piadosos y experimentados que tú. Diles lo que tú crees que dice la Palabra de Dios sobre el asunto, al igual que lo que te dice tu propia conciencia; después, pregúntales qué harían ellos en tu situación.

Sé humilde, amoroso y valiente

La actitud con la que adoptas una postura dice tanto como la postura misma. Las personas que siempre parecen estar buscando pelea, que tratan con desprecio a quienes no están de acuerdo con ellos, o que adoptan una postura por enojo o venganza, causan más daño que bien.

Podemos (y debemos) estar firmes con valentía, incluso con energía si la situación lo requiere, pero nuestra firmeza siempre debería hacerse con una humildad amorosa. Debemos aborrecer el pecado, no al pecador. Apartados de la gracia de Dios, ninguno de nosotros es salvo ni santificado.

Dale un vistazo a este mensaje de correo electrónico de un muchacho que observó nuestra respuesta a los enojados comentarios acerca de la encuesta sobre la modestia. Su correo no fue una respuesta al contenido de nuestra postura, con la cual estaba en desacuerdo, sino a la actitud con que lo expresamos. Al final, nuestra actitud fue un testimonio de la verdad de lo que estábamos diciendo:

> Solo quería decir que en verdad agradezco el modo en que ustedes han estado manejando la reciente entrada de comentarios de desacuerdo. Por extraño que parezca, soy un lector del blog The Rebelution y de la página

web, de la cual sospecho que llegan la mayoría de los comentarios.

Me alegra que ustedes les estén tratando con civismo y que no se estén borrando sus comentarios. El contraste entre el trato que ellos están recibiendo aquí y el trato que la mayoría de rebelucionarios recibirían allí es, me temo, extraordinario.

El hecho de que ustedes los estén manteniendo es en cierto aspecto un fuerte testimonio de los valores cristianos. Aunque soy un muchacho liberal, a favor de la decisión personal sobre el aborto, en contra de la guerra y, sobre todo, ateo, estoy horrorizado por la grosería expresada en la mayoría de esos comentarios. En realidad, agradezco que ustedes trabajen con tal civismo y convicción por lo que creen.

Sé parte de la solución

No te ganes la reputación de estar siempre en *contra* de todo: está *a favor de* algo. No intentes destacar problemas sin proporcionar soluciones. Haz que tu meta sea mostrarles a las personas un camino mejor, el camino de Dios, y no solo decir que su dirección actual es equivocada.

Jessica Leonard (quince años), Megan Dutill (dieciséis) y Joanna Suich (diecisiete) estaban cansadas de lo superficiales que eran casi todas las revistas para adolescentes, incluso las cristianas. Sin embargo, en lugar de limitarse a maldecir la oscuridad, esas muchachas escogieron encender una vela, lanzando su propia publicación para muchachas cristianas titulada *Bloom!* (bloom-blog.blogspot.com). Su ejemplo es el que cada uno de nosotros debería seguir.

Nuestra meta definitiva no es solo que quienes nos rodean dejaran de seguir los caminos del mundo, sino que aprendieran a amar y aceptar el camino de Dios. Podemos lograr eso siendo apasionados embajadores, anhelando proclamar la bondad de

Dios y adoptando una postura por Él delante del mundo que observa.

Y como rebelucionarios, nuestra postura hoy a favor de lo que es bueno y recto tendrá un impacto aun mayor del que podamos entender.

Si quieres adoptar una postura, hazlo ahora

La película *Amazing Grace* relata la inspiradora historia de la larga lucha de William Wilberforce para ponerle fin a la trata de esclavos en el Imperio Británico, pero nuestro primer destello del hombre no es de pie en los pasillos del Parlamento, inspeccionando un barco de esclavos ni reuniéndose con los coloridos miembros de la famosa secta Clapham. En su lugar, el director Michael Apted nos presenta a Wilberforce como un hombre dispuesto a detener su carruaje en medio de la fuerte lluvia y avanzar entre el lodo, a fin de evitar que algunos hombres golpeen a su cansado caballo. «Si le dejan descansar un rato, podría levantarse por sí solos», les informa Wilberforce, que ahora está él mismo empapado de lluvia. El punto de Apted está claro. Este hombre defiende a los oprimidos dondequiera que los encuentre; no solo en el Parlamento y no solo cuando el mundo está mirando.

La primera postura de Martín Lutero no fue cuando clavó sus *Noventa y cinco tesis* en la puerta de la Iglesia del Palacio de Wittenberg. Él había aprendido a confiar en Dios mucho tiempo antes de que le convocaran ante el Emperador del Sacro Imperio Romano y de que le dieran la opción de retractarse o de que le calificaran de hereje y de que le lanzaran fuera de la protección de la ley. Allí, delante de los hombres más poderosos de su época, dijo: «Esta es mi postura. No puedo hacer otra cosa. Por lo tanto, que Dios me ayude».

El Dios al que oró Lutero le había sido fiel muchas veces antes. Y si Lutero perdía su vida o la mantenía, sabía que su Dios sería fiel otra vez.

Ni Wilberfoce ni Lutero podrían haber adoptado una postura contra las maldades y las injusticias de sus épocas si antes no hubieran aprendido a estar firmes contra la maldad en sus propios corazones y en los corazones de quienes les rodeaban. Nosotros no somos distintos.

Jesús dijo: «Si alguien quiere ser mi discípulo —les dijo—, que se niegue a sí mismo, lleve su cruz y me siga. Porque el que quiera salvar su vida, la perderá; pero el que pierda su vida por mi causa y por el evangelio, la salvará» (Marcos 8:34-35).

Al fin y al cabo, Dios es el que nos da la fortaleza para estar firmes en cualquier situación. Sin embargo, también debemos reconocer que gran parte de esa gracia y fortaleza se pone a nuestra disposición mediante las numerosas oportunidades que Él nos da cada día para practicar la confianza en Él lo suficiente como para obedecerle de verdad, incluso cuando nos cueste algo. La adopción de una postura para Dios en situaciones grandes, a veces públicas y a veces peligrosas, es posible en parte debido a que hemos adoptado una postura para Dios muchas veces antes. Cada vez que hacemos lo que es debido en el nombre de Dios, flexionamos y fortalecemos nuestros músculos.

Si no podemos confiar en Dios con nuestra popularidad ahora, durante el instituto, ¿cómo vamos a confiar en Él con nuestras vidas en el campo misionero? Si no podemos estar firmes por Él ahora en el salón de clase, ¿cómo estaremos firmes para Él en el tribunal, cuanto importe de verdad?

Toma un minuto para volver a pensar en las historias y sugerencias de este capítulo y responde estas preguntas:

- ¿Hay una postura que sabes que deberías adoptar pero que no lo has hecho?
- ¿Hay algo en tu vida que sabes que está mal pero que sigues haciéndolo?

Si viene a tu mente un reto, no lo pases por alto. Da un primer paso rebelucionario. Lo difícil que estás pensando puede que sea lo mayor, más difícil y más satisfactorio que hayas hecho jamás. No te pierdas esa cosa buena que Dios te está invitando a que hagas, y no te digas que no importa.

Hacer lo que es bueno siempre importa... e importa en este momento.

ÚNETE A LA REBELUCIÓN

UNA GENERACIÓN QUE SE LEVANTA

La creación de una contracultura que parte de cero (y una pizca de sal)

Conner Cress era un muchacho normal de quince años de edad que vivía una vida normal en un día normal de primavera en Georgia cuando apareció en el buzón de su familia una revista de *World Vision*, una organización que se enfoca en aliviar la pobreza y sus efectos en todo el planeta.

Conner llegó a su casa de la escuela y se dirigía a su cuarto en el piso de arriba, echando un vistazo a cualquier revista nueva a medida que pasaba al lado de la encimera de la cocina, como hacía muy a menudo. Casi siempre, había varias. Ese día solo había una.

Por lo general, Conner solo echaba una ojeada a las revistas buscando ilustraciones o concursos, pero aquella parecía atraerle en cada página. Pasaron diez minutos. Después veinte. Después treinta. Una hora después, seguía estando sentado en el borde de su cama.

La revista era una edición especial sobre la pobreza global y presentaba una página tras otra de inquietantes fotografías.

Niños pequeños, en la piel y los huesos, miraban con fijeza a Conner. Sus cuerpos encogidos eran sorprendentes, pero fueron sus ojos, grandes ojos hundidos sin ningún brillo de esperanza, los que no le dejaban tranquilo. Conner no podía evitar preguntarse si los niños que había en esas fotografías seguían estando vivos. *¿Les ha ayudado alguien? ¿Le importan a alguien?*

La revista llevó a Conner a un viaje por todo un mundo que ni siquiera supo jamás que existía, un mundo en el que más de mil cien millones de personas no tienen acceso al agua potable y en el que los niños pequeños llegan al extremo de tal deshidratación que ya no pueden llorar lágrimas. Todo en el interior de Conner gritaba: «¡Esto no está bien!».

De repente, su vida normal parecía de todo menos normal. Sentía como si Dios le estuviera señalando a él y diciendo: «Mira lo bendecido que eres tú, Conner. Solo mira a tu alrededor para ver lo mucho que yo te he bendecido. Ahora, ¿qué vas a hacer al respecto?». En ese momento, Conner supo que su vida normal tenía que cambiar.

Eso fue hace dos años.

Una realidad mayor

¿Has tenido alguna vez una experiencia similar a la que tuvo Conner ese día? Es como pasar por la puerta y entrar en otra realidad, otra que es muy distinta, mucho mayor y más inquietante que el punto que ocupaste antes. Es posible que tu experiencia sucediera en un viaje misionero, o mientras leías sobre el número de abortos que se realizan en los Estados Unidos cada año, cuando vieras en las noticias a niños al otro lado del mundo encadenados a bancos durante todo el día haciendo cigarrillos.

Quizá pasaran por tu mente pensamientos similares a los siguientes:

- *Al fin y al cabo, supongo que no sea para tanto que no me invitaran a la fiesta este fin de semana.*

- *Tiré más comida ayer de la que ese niño se comerá en toda la semana.*
- *Perdóname, Dios, ¡por preocuparme tanto por cosas que ni siquiera importan!*

Momentos como esos sitúan en perspectiva nuestros problemas personales, y también exigen una respuesta. Este capítulo habla de esa respuesta: el intercambio de nuestro cómodo mundo «normal» por un mundo mayor y real que rara vez aparece en la mayoría de nuestros hogares. Este capítulo habla de apartar el enfoque de una rebelución personal (los cinco tipos de cosas difíciles) para ver la Rebelución como un movimiento, una contracultura de jóvenes con ideas afines cuyos esfuerzos Dios puede bendecir y que juntos pueden hacer historia.

En este capítulo queremos hacer una pregunta muy seria y emocionante: ¿podría ser que los adolescentes en la actualidad se enfrentan a una oportunidad única de hacer cosas difíciles, no solo como individuos, sino también como generación? ¿Y no solo cualquier cosa difícil, sino cosas grandes y que cambian la historia? Para expresarlo de otro modo, ¿podría ser que a nuestra cosecha particular de jóvenes la hayan situado en la tierra en este momento fundamental de la historia por una razón?

Algunas personas miran nuestra generación y los retos a los que nos enfrentamos, y se desesperan. Nosotros no. En cada generación que se enfrenta a intensos retos, Dios levanta a los que serán sus representantes para hacer su obra. Y a menudo sus representantes son jóvenes. Lo vemos en la Escritura, donde Dios escogió jóvenes como José, Samuel, David, Josías, Jeremías, Ester y María para la época en la que vivieron... y ellos cambiaron el curso de las naciones.

Nosotros creemos que lo mismo está sucediendo en la actualidad. Dios se está moviendo, y jóvenes en todo el mundo están reconociendo eso y respondiendo al cambiar las bajas expectativas y al hacer cosas difíciles de maneras creativas y transformadoras.

¿Qué sucede cuando los rebelucionarios se reúnen para abordar los problemas de su época? ¿Qué es posible cuando una generación deja de suponer que otros se ocuparán de la desolación del mundo, o que alguna otra persona aprovechará nuestras oportunidades actuales, y se dará cuenta de que tiene el llamado a emprender la acción? ¿Qué te parece cuando una persona joven es apasionada sobre lo que Dios le llama a hacer, y esa pasión es contagiosa?

Jesús nos dice cómo sería esa contracultura que honra a Dios y es transformadora. En los Evangelios encontramos dos sencillas pero poderosas imágenes visuales del modo en que un grupo de seguidores de Cristo podría impactar de verdad a todo el planeta.

Operación sal y luz

Jesús nos dice:

1. Ustedes son la sal de la tierra. Pero si la sal se vuelve insípida, ¿cómo recobrará su sabor? Ya no sirve para nada, sino para que la gente la deseche y la pisotee.

   Ustedes son la luz del mundo. Una ciudad en lo alto de una colina no puede esconderse. Ni se enciende una lámpara para cubrirla con un cajón. Por el contrario, se pone en la repisa para que alumbre a todos los que están en la casa. Hagan brillar su luz delante de todos, para que ellos puedan ver las buenas obras de ustedes y alaben al Padre que está en el cielo. (Mateo 5:13-16)

En este pasaje, Jesús nos da dos imágenes diferentes de lo que significa ser sus discípulos, pero ambas apuntan a todos nosotros. Somos sal. Somos luz. Por lo tanto, ¿qué significa eso?

Cuando pensamos en la sal, es probable que nuestra primera idea sea parecida a lo siguiente: *Tengo que poner más en mis palomitas de maíz.* Sin embargo, Jesús no está hablando de la sal como la utilizamos en la actualidad. Aunque en la época romana la sal se usaba para darles sabor a los alimentos, su uso principal era como conservante. En un mundo que no tenía refrigeradores ni congeladores, un poco de sal frotada en la carne la conservaba por más tiempo.

De modo que cuando Jesús nos dice que nosotros somos «la sal de la tierra», se refiere a que nos han puesto aquí para conservarla hasta que Él regrese, a fin de luchar contra el deterioro del pecado, combatir la enfermedad y el sufrimiento, y oponernos a la corrupción y la injusticia.

¿Y la luz? Para ser sinceros, lo primero que pensamos es en el viejo canto de la Escuela Dominical: «Esta pequeña luz, la voy a dejar brillar». Hay una sencilla verdad en ese canto, pero no llega a expresar el pleno significado de las palabras de Jesús. En la Biblia, la luz se utiliza a menudo para representar la verdad, en especial la verdad que Dios revela en su Palabra. El cuadro de nosotros como una ciudad sobre un monte o una lámpara en una repisa significa que, como cristianos, mostramos la verdad en palabras y hechos, haciendo brillar la luz de la Palabra de Dios y del evangelio en todo lo que nos rodea, en cada rincón.

En un discurso a los alumnos en la Universidad de Notre Dame, el gran apologista Francis Schaeffer hizo esta profunda afirmación:

> El cristianismo no es una serie de verdades en plural, sino más bien la verdad que comienza con una V mayúscula. La verdad sobre la realidad total, no solo sobre las cosas religiosas. El cristianismo bíblico es Verdad con respecto a la realidad total, y apoderarse de forma intelectual de esa verdad total y, después, vivir a la luz de esa Verdad.

Eso es lo que Jesús quiso decir cuando nos llamó a ser luz. Donde los métodos seculares y las filosofías dominan en los campos de los negocios, la educación, las artes o cualquier otra esfera de la sociedad y la cultura, nosotros tenemos el llamado a llevar filosofías y métodos bíblicos fundados en esa «Verdad total»; eso es lo que significa ser luz.

En ambas imágenes, Jesús proporciona un modelo que los rebelucionarios pueden seguir para impactar el mundo que les rodea. No solo se nos ha comisionado para que amemos a Dios y su Palabra, sino también a influir de modo radical en nuestro mundo con la vida y la verdad.

Poner juntas las ideas de la sal y la luz proporciona a los rebelucionarios contraculturales una clara declaración de misión: somos personas que efectúan el cambio e influyen en nuestro mundo como sal y también como luz. Es lo mismo que decir que influimos en nuestro mundo *luchando en contra* del pecado, el sufrimiento y la descomposición, así como *luchando por* la verdad y la justicia. Y eso abarca mucho.

¡Ah, las cosas que haremos!

Hay una idea equivocada entre algunos cristianos que piensan que para «vivir de verdad para Jesús» uno tiene que entrar en el ministerio, convertirse en misionero o casarse con alguien que lo sea. Esos son llamados elevados y nobles, pero limitar nuestra idea de la vida cristiana radical nada más que a un puñado de aspectos no solo es erróneo, sino peligroso también.

La Rebelución necesita cristianos en todo el mundo que vivan como sal y luz en los negocios, las ciencias, la medicina, el derecho, la política, el hogar y la educación de los hijos, la ingeniería, la educación, las artes y cualquier otro campo o empresa. Como dijo Schaeffer, la Palabra de Dios es Verdad para toda la vida; y nuestro carácter único como individuos deja espacio para la hermosa diversidad dentro de una generación comprometida a hacer las cosas difíciles para la gloria de Dios.

La Rebelución necesita cristianos músicos. Y no estamos hablando de grupos que hablen de Jesús en todas sus canciones, sino músicos con una perspectiva bíblica de la cultura y la creatividad que reconozcan esferas de descomposición espiritual y moral en nuestra generación y puedan influir en sus oyentes con la verdad y la vida.

La Rebelución necesita mujeres y hombres cristianos en los negocios. Con eso no solo nos referimos a personas que diezmen el diez por ciento de sus ingresos, oren antes de las reuniones de la junta directiva y den dinero para las misiones. Necesitamos hombres y mujeres que puedan defender una perspectiva bíblica de la administración de los negocios y las finanzas, que estén comprometidos con la integridad, que tengan un corazón para servir en lugar de sacar provecho, a quienes les vaya bien por hacer lo bueno en lugar de por hacer recortes y trabajar en el sistema, y que sean innovadores en la integración de su carrera y de su llamado: que sean sal y luz.

La Rebelución necesita cristianos cineastas. Con eso no nos referimos a personas que hagan películas que siempre incluyan una invitación al evangelio, sino personas que cuenten historias con la perspectiva bíblica y sepan cómo utilizar el poder de la narrativa para tocar los temas prácticos de la vida con la verdad de la Palabra de Dios.

Estos son solo tres ejemplos de muchos. La contracultura cristiana próspera luchará contra la pobreza, sanará la enfermedad y sacará a la luz la corrupción, a la vez que luchará con sinceridad en contra del pecado y de las tinieblas espirituales que están en la raíz de todo sufrimiento. Una generación de rebelucionarios escribirá libros, dirigirá películas, educará y formará hijos, diseñará edificios, se presentará a la carrera política, y hará descubrimientos científicos y médicos. Nos esforzaremos por llevar la verdad de la Palabra de Dios y del evangelio a cada aspecto que toquemos en la vida.

Los tres pilares

Quizá hayas observado que nos saltamos la clara advertencia en las palabras de Jesús:

> Pero si la sal se vuelve insípida [...] Ya no sirve para nada, sino para que la gente la deseche y la pisotee. (Mateo 5:13)

«La deseche y la pisotee» son palabras que dan qué pensar. A medida que luchamos en *contra* del pecado, el sufrimiento y la corrupción, y luchamos *por* la verdad y la justicia, ¿qué es lo que disolverá nuestra eficiencia? ¿Qué cambiaría el enfoque desde la gloria de Dios a nuestros propios fracasos? ¿Qué haría que el mundo que observa llegara a la conclusión de que en verdad ya no éramos buenos para nada?

Nosotros creemos que la respuesta se encuentra en tres palabras llenas de poder que ya has encontrado en varios lugares en este libro. En realidad, son tan importantes que denominamos a estos valores críticos los tres pilares de la Rebelución: carácter, competencia y colaboración.

Ser sal y luz es la meta de los rebelucionarios, pero los tres pilares es el modo de llegar a eso. Tomados por separado, de seguro que cada uno tiene su mérito, pero solo cuando los tres trabajan juntos podemos edificar una contracultura eficaz y sustentable.

Piensa por un momento respecto a cuántos líderes cristianos, organizaciones o causas se han desacreditado después de un embarazoso fracaso tras otro. Con frecuencia fracasan porque intentaron tener éxito sin uno o más de los pilares. Por ejemplo:

- Un pastor es un excelente orador y líder, pero es débil en aplicar la verdad del evangelio a su vida personal. El pastor es competente, pero carece de carácter.
- El equipo de misioneros trabaja duro en el verano para ayudar a los necesitados, pero la falta de coordinación evita que logre tanto como podría haber logrado. El equipo tiene carácter, pero carece de colaboración.
- El comienzo de un negocio reúne a algunos de los mejores jóvenes ingenieros en la industria, pero un plan

de negocio poco desarrollado y carencias presupuestarias causan que la prometedora empresa se detenga en seco. La organización tiene colaboración, pero carece de competencia.

Nuestra visión para la Rebelución es ver reunidas estas tres cualidades en la nueva generación, jóvenes que sean apasionados con respecto a crecer en la semejanza a Cristo y predicar el evangelio (carácter), que se interesen de manera profunda en la capacidad, la estrategia y la creatividad (competencia), y que estén comprometidos a encontrar y trabajar con una comunidad de rebelucionarios con ideas afines (colaboración), a fin de llevar esperanza y sanidad a un mundo perdido y que sufre.

Solo esto es causa para el entusiasmo. Y aun así, otras generaciones han querido lanzarse y han sido ineficientes, incluso haciéndole daño a su propia causa mediante la incompetencia. Muchos cineastas cristianos, escritores, políticos, empresarios, artistas, pastores y líderes han fracasado de manera lamentable a pesar de sus buenas intenciones.

Nosotros seguimos teniendo confianza porque vemos a rebelucionarios que no solo están dispuestos a *distinguirse*, sino que también han optado por formarse para *ser* determinantes. Ellos recuerdan que Jesús dijo: «Hagan brillar su luz delante de todos, para que ellos puedan ver las buenas obras de ustedes y alaben al Padre que está en el cielo» (Mateo 5:16).

Los rebelucionarios saben que la competencia importa para los cristianos porque la vida cristiana es la vida de acción, y nuestros actos deben dar como resultado que Dios sea glorificado. Entienden que el nivel de competencia con el que realizamos las buenas obras que Dios nos ha llamado a hacer determinará el modo en que responda el mundo que observa. Se niegan a creer la mentira que dice que nuestras vidas cristianas deben vivirse detrás de las puertas cerradas, o deben dejarse en casa cuando salimos para el trabajo o cuando estamos con nuestros amigos.

Además, vemos a rebelucionarios mezclando la humildad de carácter con el celo por la colaboración, trabajando juntos para lograr cosas mayores de las que podrían haber logrado solos, inspirándose y alentándose unos a otros, aportando diversos talentos y recursos, y aprovechando las oportunidades de la tecnología moderna para tocar vidas en todo el planeta. Vemos a jóvenes que trabajan juntos para comenzar negocios, lanzar organizaciones y crear ministerios, aunque viven en diferentes estados, en diferentes países o incluso en diferentes continentes.

Esperamos que el potencial y el poder del carácter, la competencia y la colaboración sean tan emocionantes para ti como lo son para nosotros. Aun así, quizá te sientas desalentado porque no veas estos tres pilares operando en tu vida. No te desalientes.

La pura verdad es que para equilibrar tu vida sobre estos tres pilares requiere trabajo constante y atención constante. Y la buena noticia es que el camino más seguro para edificar el carácter y la competencia es haciendo cosas difíciles. Además, la mejor manera de atraer personas para que se pongan a tu lado es abordar algo que sea demasiado grande para lograrlo solo.

El carácter, la competencia y la colaboración son los medios por los cuales nuestra generación debe cumplir su llamado a ser sal y luz, y evitar que la desechen y la pisoteen.

Ahora bien, con una imagen de la contracultura de la Rebelución en mente, echemos un vistazo al resto de la historia de Conner.

Año del transformador del mundo

Durante el resto de la primavera, Conner no dejó de pensar en la revista y en las fotografías que habían captado su atención. Siempre que se bebía un vaso de agua fría, pensaba en los niños africanos que caminaban kilómetros cada día para obtener el equivalente a agua sucia de un charco. Siempre que tiraba comida que sobraba porque estaba demasiado lleno para seguir comiendo un bocado más, pensaba en los cuerpos consumidos que nunca tenían suficiente.

Estuvo orando todo el verano, pidiéndole a Dios que le mostrara cómo podía ayudar. Sin embargo, el verano pasó y seguía sin haber respuestas.

Por fin, una sencilla idea cruzó por su mente. *¿Por qué no fabrico pulseras y las vendo, y utilizo el dinero para cavar pozos en África?*

La idea parecía una tontería al principio. Él no sabía cuánto costaría un pozo. A pesar de eso, cuando la idea no se iba de su cabeza, Conner supo que venía de Dios.

Una vez que tuvo un plan, no le llevó mucho tiempo comenzar. Sabía que necesitaba ayuda, y por eso les contó su visión a cuatro amigos: Dan Mirolli, Jared Ciervo, Kyle Blakely y Logan Weber. Todos aceptaron de inmediato. Kyle tenía diecisiete años, Dan acababa de cumplir dieciséis, y los demás tenían quince; con edades perfectas, se decidieron, para cambiar el mundo. Aportarían de sus recursos para el primer grupo de pulseras, después hablarían en iglesias y escuelas con el fin de recaudar dinero para los pozos y sensibilizar a la gente respecto a la necesidad del agua potable.

A su organización le pusieron el nombre de *Dry Tears* (visita www.drytears.org).

Cuando conocimos por primera vez a este grupo de hermanos en nuestra conferencia Rebelución en 2007 en Denver, los acababan de entrevistar para el premio *Year of the World Changers* de la revista *Breakaway*, en las oficinas centrales nacionales de Enfoque a la Familia en Colorado Springs.

Ellos nos dijeron que durante el año anterior les habían hablado a miles de personas acerca de la necesidad de tener agua potable en todo el mundo. Habían vendido más de tres mil quinientas pulseras y habían empezado a trabajar para vender también camisetas y botellas de agua. En total, habían recaudado más de veinte mil dólares, con más del noventa por ciento de sus ventas provenientes de otros adolescentes. Podían ver que su generación se contagiaba con una pasión para ayudar a los afligidos y los oprimidos.

Cuando hablamos, ya habían financiado la construcción de cuatro pozos en África, aparte de un sistema de irrigación que proporciona agua para el ganado y las personas, trabajando con la *Blood: Water Mission*, organización fundada por el grupo de música cristiana *Jars of Clay*. Según los cálculos de ese grupo, el trabajo de *Dry Tears* les ha proporcionado agua potable a más de veinte mil personas y ha salvado cientos de vidas.

Sin embargo, estos cinco jóvenes no están descansando en sus logros. Ya están buscando maneras de multiplicar su impacto estableciendo grupos de *Dry Tears* dirigidos por alumnos de toda Norteamérica.

¿Tienes una ambición santa?

Para algunas personas, los muchachos de *Dry Tears* son solo un grupo de chicos. Sin embargo, su motivación para ver que su generación sea sal y luz para un mundo que sufre les ha permitido tener un impacto mayor como adolescentes que el que la mayoría de las personas tendrá en toda su vida. La diferencia no es ningún talento especial; son tan solo muchachos comunes y corrientes que siguen sintiendo terror cada vez que tienen que hablar en público. La diferencia es que tienen una ambición santa.

John Piper, pastor y escritor, define una ambición santa como algo que quieres hacer de verdad, de verdad, *de verdad*, y que Dios también quiere que lo hagas. Algunas personas lo denominarían pasión, pero es pasión bajo el señorío de Jesucristo. ¿Cuál es la tuya?

Al comienzo de este capítulo hablamos sobre abrir tu corazón y tu mente a una realidad nueva y mayor. ¿Qué preguntas, pensamientos e ideas locas han cruzado por tu mente a través de la lectura? ¿Ha comenzado Dios a poner una pasión en tu interior para emprender la acción a una mayor escala, para hacer cosas difíciles que te lanzarán a lo profundo de la contracultura cristiana que denominamos la Rebelución?

Si es así, estás en un lugar muy emocionante. Aferrarte a ese tipo de pasión personal por primera vez es con frecuencia uno de los pasajes principales entre la niñez y la edad adulta. Piensa en tu ambición santa como una pasión del tamaño del mundo situada bajo el señorío de Jesucristo. Abre tu corazón a su mundo en toda su quebrantada belleza, orando para que Él te muestre cómo podrías ser sal y luz en medio de todo. Él lo hará.

En el siguiente capítulo vamos a ver cómo Dios lo ha hecho en las vidas de otros siete rebelucionarios de la vida real; una pequeña pero emocionante muestra de un movimiento creciente.

MILES DE HÉROES JÓVENES

Historias de nuevos comienzos, desafíos imposibles y de los adolescentes que los viven

Prestando atención desde detrás del escenario, Zach, de quince años, observaba y escuchaba mientras David Crowder dirigía a quince mil asistentes al concierto en una serie de cantos de adoración llena de energía y dinamismo. Era en el Del Mar Fairgrounds en la soleada California, y para Zach, el mar de asistentes al concierto parecía no tener final. Cantaban. Aplaudían. Danzaban en celebración, con sus manos en alto a medida que ofrecían adoración. Más que todo, Zach escuchaba, porque después del grupo de David Crowder, él saldría a continuación.

Pensaba: *Las estrellas del rock toman este escenario. No lo hacen los alumnos de primer año del instituto con un historial de ataques de ansiedad y aversión al riesgo. No deberían. No pueden.*

«No creo que pueda aparecer ahí», musitó, pero las palabras quedaron perdidas en la estruendosa adoración, y nadie las escuchó.

~≈~

A lo largo de este libro hemos preguntado cómo sería si nuestra generación comenzara a practicar los principios de la

Rebelución. Lo cierto es que ya está sucediendo de muchas maneras. El movimiento está creciendo; está surgiendo una contracultura. Y como verás en un momento, Zach Hunter es uno de sus líderes. Desde luego, él no se consideraría así. Y como es probable que te imaginaras por la primera escena, de seguro que Zach *no* está haciendo lo que le resulta fácil. Solo está haciendo lo que Dios pide de él: seguir con pasión su ambición santa. Sí, ha sido difícil, pero Zach ahora se encuentra en el centro de un movimiento que está cambiando su mundo y el tuyo. Y él no dará marcha atrás por toda la comodidad y la facilidad del mundo.

Zach no está solo. Miles de jóvenes cuyos ejemplos desafían necias etiquetas como «ordinario» o «excepcional», están creando un conjunto nuevo por completo de expectativas. Son rebeldes impulsados por un nuevo tipo de rebelión.

Zach Hunter: Un héroe improbable

Cuando tenía doce años, Zach Hunter se enfrentó a un doloroso hecho: veintisiete millones de personas en todo el mundo viven todavía en la esclavitud. Y la mitad son niños.

El asombroso encuentro de Zach con esa realidad se convirtió en una campaña en contra de la esclavitud moderna que ha sacado a este adolescente de voz suave de las afueras de Atlanta a los principales escenarios de los mayores festivales de música cristiana del país, y mucho más allá.

«Fue en el Mes de la Historia Afroamericana», recuerda Zach. «Había estado aprendiendo acerca de personas como Frederick Douglas y Harriet Tubman, y pensé: *Vaya, si yo hubiera vivido en ese entonces, habría hecho algo para ayudarles. Habría intentado ponerle fin a la esclavitud y luchar en contra de la injusticia.* Y entonces fue cuando descubrí que aún había trabajo por hacer, entendí que no podía quedarme tranquilo y esperar a que otra persona hiciera algo».

Por eso, tres años antes de estar allí de pie, viendo a David Crowder, Zach lanzó *Loose Change to Loosen Chains* (LC2LC), una campaña para recaudar dinero y crear conciencia para la lucha en contra de la esclavitud moderna. El concepto era sencillo: alentar a sus compañeros para reunirse y donar su dinero suelto, el cual iría a organizaciones merecedoras que trabajaban para liberar a esclavos en todo el mundo.

¿Por qué el dinero suelto? Porque literalmente hay toneladas entre los cojines de los sofás, entre los asientos de los autos y en la parte trasera de los cajones de los calcetines. A Zach le gusta hablar de un asombroso cálculo que apareció en la revista *Real Simple* de que casi diez mil quinientos millones de dinero suelto están en las casas de los estadounidenses... ¡diez mil quinientos millones! La familia Hunter encontró monedas por un valor de casi doscientos dólares en su propia casa.

LC2LC comenzó en la iglesia y en la escuela de Zach, recaudando casi diez mil dólares en la etapa inicial. Sin embargo, ese no era un proyecto de una sola vez para él. «En Isaías 1:17, Dios nos encarga que rescatemos a los oprimidos y a los huérfanos, y que defendamos a las viudas», dice Zach. «En realidad, no puede ser más claro que eso. Dios nos llama a la acción.

»Si tienes un amigo al que le gusta el *snowboard*, vas a esquiar con él y a fortalecer la relación», explica él. «Bien, a Dios le gusta la justicia, así que si tú buscas justicia junto con Dios, llegarás a conocerle mejor participando en algo que le importa a Él».

Poco después, a Zach lo eligieron para convertirse en el portavoz estudiantil de la campaña global *Amazing Change* [Maravilloso Cambio] en coordinación con la película sobre William Wilberforce, *Maravillosa gracia*, y LC2LC se extendió hasta Australia, el Reino Unido y África. Con cada paso, Zach se convencía cada vez más de que Dios podía utilizar a cualquiera para marcar una diferencia.

«La mayoría de la gente no sabe que yo batallaba con un trastorno de ansiedad casi hasta el momento en que comenzaba a hablar sobre la esclavitud», dice Zach. «Durante esos ataques, comenzaba a sentirme paranoide, tenía problemas para respirar o sentía muchas náuseas». A veces empeoraba tanto que tenía que acostarse hasta que pasaban esos ataques. Le robaban la paz y por poco le destruyen su confianza.

Al mirar a la inmensa multitud que había en el festival de música, Zach sintió que regresaban los viejos temores. David Crowder estaba terminando su actuación. Llegaba el momento de Zach. *¿De verdad puedo hablar delante de quince mil personas?*

Girándose hacia su mamá, le repitió con urgencia:

—¡No creo que pueda salir ahí!

Para su sorpresa, ella le respondió:

—Está bien. Entonces no salgas.

Durante un minuto se libró una batalla dentro del temeroso muchacho de quince años. Entonces, se puso de pie.

—No —dijo con firmeza—. Tengo que salir. Si yo no hablo, nadie lo hará.

Con su mamá orando, Zach salió al escenario. Cinco minutos más tarde, cuando él hizo la señal, todo el lugar proclamó un apasionado grito a favor de la dignidad humana y la justicia en nombre de todos los que no podían levantar sus voces: ¡LIBERTAD!, clamó una multitud de quince mil personas.

Zach había encontrado una causa que era mayor que su temor.

¿Hasta dónde llevará a Zach su ambición santa? Solo el tiempo lo dirá. Hasta ahora ha transformado a un muchacho que sufre de ataques de ansiedad en una persona de dieciséis años que le ha hablado a más de medio millón de personas en actividades en directo, ha aparecido numerosas veces en la televisión nacional, ha escrito dos libros (*Sé tú la diferencia* y *Generación de cambio*), y hasta ha dado un discurso en la Casa Blanca.

Quizá por eso a Zach le encanten las historias del Antiguo Testamento en las que Dios escoge a las personas más improbables para realizar sus tareas: personas como David, el pequeño de los hijos de Isaí; Jeremías, el profeta que era demasiado joven para afeitarse (bueno, estamos exagerando); o María, la muchacha de aldea que fue escogida para ser la madre de Jesucristo.

«Mi sueño es ver el fin de la esclavitud en mi vida», dice Zach, pasando a citar al joven estadista británico William Pitt de la película *Maravillosa gracia*: «Somos demasiado jóvenes para saber que ciertas cosas son imposibles, así que las haremos de todos modos».

Y debido a que Dios sigue estando en el negocio de escoger a héroes improbables para lograr sus grandes planes, la misión imposible de Zach de cambiar el mundo ya ha comenzado.

> Podemos marcar una diferencia en las vidas de los esclavos. En realidad, no importa lo jóvenes que seamos. No importa si tenemos discapacidades físicas, mentales o emocionales. No importa el color de nuestra piel ni de dónde provenimos. Cualquiera puede distinguirse y ser una voz para quienes no tienen voz.
>
> Zach Hunter, dieciséis años de edad

Jazzy Dytes: Pequeña voz, gran mundo

Desde la primaria hasta el instituto, Jazzy Dytes se labró la reputación de ser una de las mejores mentes jóvenes en la ciudad de Davao, una de las ciudades más grandes de Filipinas. Ella siempre fue la representante principal de su escuela en las competiciones entre escuelas, y siempre ganaba. Era la ensayista, la oradora, la periodista, la tertuliana y la matemática. Mientras el mundo giraba, Jazzy ganaba premios y elogios. Era famosa, era estupenda, lo tenía todo; y solo tenía quince años de edad.

A medida que su luz era cada vez más brillante, Jazzy llegó a convencerse de que lo único que no tenía era libertad del control de sus padres. Tenía un cerebro, y creía que podía vivir de manera independiente. Su oportunidad llegó cuando recibió una beca para estudiar y vivir de la Universidad de Filipinas, la universidad más prestigiosa del país. Cuando solo le quedaba una semana para cumplir los dieciséis, Jazzy estaba en el campus. Era libre.

Poco después, Jazzy se había unido a una hermandad femenina sin conocimiento de sus padres. Sus nuevas amigas la empujaron hacia el activismo político y una red de organizaciones clandestinas. Causó disturbios en las calles y marchó en contra del sistema, condenando la represión y denunciando el comercialismo. Aprendió a ser una rebelde por su país, luchando por algo que ni siquiera entendía. Sin embargo, esa era su idea de lo que significaba adoptar una postura por su generación: la rebelión. Y ella estaba muy orgullosa.

Libre por completo de la supervisión de sus padres por primera vez, Jazzy se entregó por completo a cada uno de sus deseos. Poco después tuvo un novio, de nuevo sin el conocimiento de sus padres. Daryll era «el amor de su vida», y prometieron que siempre se amarían el uno al otro. Con su generosa beca para cubrir los gastos de sus estudios, todo parecía estar a su alcance. Ella era feliz con su novio. Era feliz con sus «cosas». Era feliz revelándose. Tenía el control y tenía todo lo que quería. Entonces, solo dos meses después de entrar en la universidad, su mundo «perfecto» se desmoronó.

Jazzy Dytes desapareció.

El 25 de septiembre de 2006, la universidad y la policía en toda la provincia la declararon «estudiante perdida». Pronto salió la noticia de que Daryll también había desaparecido. Cuando la pareja salió por fin de su escondite, se habían perdido los exámenes finales y sus reputaciones quedaron muy dañadas. Sin embargo, para entonces a Jazzy no le importaba.

«Yo estaba cegada por completo debido a mi rebelión», dice Jazzy. «No estaba en mis cabales».

Sus preocupados padres aceptaron su regreso con los brazos abiertos, pero ella seguía considerándolos sus mayores enemigos. Así que siguió operando tras sus espaldas, ocultando el hecho de que sus calificaciones estaban cayendo en picado porque faltaba a clases para asistir a convocatorias y pasar tiempo con Daryll, a quien ellos le habían prohibido volver a ver. Cuando al final sus padres le pidieron a la universidad sus calificaciones, quedaron sorprendidos por lo que descubrieron.

Su brillante hija iba mal en casi todas las asignaturas, a excepción de sus favoritas: trigonometría y química. Jazzy había pasado de ser una de las mejores alumnas de la universidad, a ser una de las peores. Incapaz de seguir ocultando la verdad, Jazzy se derrumbó y lo confesó todo. De inmediato, sus padres la sacaron de la universidad y la llevaron a su casa, y se apagó el foco de atención que la había seguido desde la primaria.

Con su futuro aparentemente hecho pedazos, Jazzy cayó en una profunda depresión. Estaba convencida de que nadie podría perdonarla jamás por lo que había hecho, y ella no podría perdonarse a sí misma. Había pasado de ser alguien a quien admiraban todos, a ser el fracaso de quien murmuraba todo el mundo. Ella intentó suicidarse, pero su hermano la agarró justo a tiempo. Después de eso, ni siquiera podía mirarse en el espejo.

Un día, al cabo de casi un mes de aislamiento, Jazzy recibió una visita de la hija de un pastor. Al final, la conversación giró en torno a Dios. Esa muchacha le invitó a asistir a su iglesia y le dejó algunos materiales cristianos de lectura, con un vínculo a una página web llamada TheRebelution.com. Más adelante aquel día, Jazzy abrió la primera revista y leyó las siguientes palabras:

> Es posible estar tan preocupado por lo sucedido en el pasado, o tan enredado en lo que está sucediendo en el presente, que no prestamos atención alguna a lo que Dios tiene para nosotros a continuación.

Jazzy comenzó a leer la Biblia, y dos días más tarde escribió un comentario en su abandonado diario. Se titulaba «Dios me ama». Entonces, su sonrisa comenzó a regresar. Ella no solo se perdonó a sí misma, sino que también supo que Dios la había perdonado también. Encontró la libertad que había estado buscando todo el tiempo, y fue por medio de Jesucristo. Diez días antes de cumplir los diecisiete años, con su historial limpio y sin ser el centro de atención, Jazzy Dytes tenía un nuevo futuro que escribir. Sin embargo, ella ya no era una rebelde. Era una rebelucionaria.

Debido a que nunca hacía las cosas a medias, Jazzy se lanzó a testificar del amor de Cristo del mismo modo en que se lanzó a las revueltas y las protestas. Se comprometió a utilizar los talentos que Dios le había dado para servirle y seguirle solo a Él. Dos meses después, era voluntaria en dos organizaciones no gubernamentales como defensora de los derechos de los niños trabajando con pandilleros, muchachas explotadas sexualmente y niños que fueron víctimas de abusos. Ahora, la rebelde sin causa tenía una ambición santa. La enojada activista se había convertido en la defensora amorosa.

«¿Cómo se logra que un miembro de una pandilla participe en la conversación?», nos preguntó Jazzy no hace mucho tiempo en un mensaje de correo electrónico. «¿Cómo se sana el alma de una muchacha explotada sexualmente? Para mí, no hay ninguna manera. En realidad, no puedo hacerlo. Me da miedo mezclarme con ellos, y ni siquiera puedo mirarles directo a los ojos. Si fuera por mí, preferiría decir: "No, gracias, Dios. Puedes buscar a otra persona". A pesar de todo, Dios me lo pide a mí. Él me ha dado el deseo de ver a esas jóvenes personas entregar sus vidas a Cristo. ¿Voy a negarme al llamado de Dios debido al temor y al orgullo? ¿Acaso están ellos más desesperanzados de lo que estaba yo?»

> Nunca dejaré de buscar a jóvenes que aún no conocen a Dios. Nunca dejaré de seguirles, ganando sus almas para Cristo. Creo que Dios me equipará con la fortaleza y el espíritu adecuados. Muy dentro de mí fluye el ADN de una rebelucionaria.

Aun cuando soy solo una muchacha joven, una voz pequeña en un mundo grande, creo que puedo hacer grandes cosas para la gloria de Dios. Solo soy una humilde servidora, preparada para enfrentarme a cualquier desafío que mi Maestro ponga delante de mí.

Jazzy Dytes, diecisiete años de edad

Brittany Lewin: Un llamado más alto que la política

Cuando Brittany Lewin, de diecisiete años de edad, decidió asistir a un desayuno comunitario en el condado de Weld, Colorado, a finales del mes de julio de 2006, no tenía idea alguna de que saldría siendo la directora de campaña para un antiguo congresista de Estados Unidos.

Aquel desayuno en particular presentaba a Bob Schaffer, un republicano que era un candidato para la reelección a la junta estatal de educación. Después de escucharle hablar, Brittany se acercó al Sr. Schaffer y le preguntó si ella podía hacer algo para ayudar en su campaña. Nunca, en un millón de años, podría haber anticipado su respuesta.

«¿Quieres dirigirla?», le preguntó él.

Más tarde, de camino a su casa, el ánimo de Brittany cambiaba entre las risas de sorpresa (*¿Lo ha dicho realmente en serio?*) y el asombro (*No tengo ni idea de cómo hacer esto*). En cuanto llegó a su casa, Brittany envió un mensaje de correo electrónico al Sr. Schaffer para asegurarse de que él en realidad quería que una adolescente se ocupara de su campaña. Su respuesta fue inmediata. Sí, él quería un equipo dirigido por una persona joven.

Lo decía en serio.

Una hora después, Brittany estaba en la biblioteca revisando libros sobre campañas, navegando por la Internet y haciendo folletos. Ella no tenía idea alguna de en qué se estaba metiendo, pero creía que Dios había abierto una puerta y estaba decidida a atravesarla.

Una posterior reunión de planificación con el Sr. Schaffer estableció varias cosas. En primer lugar, sería un equipo de campaña compuesto solo por jóvenes: dos amigas de Brittany, Raquel (de diecinueve años de edad) y Jenna (de diecisiete) también podrían unirse al equipo como coordinadora de voluntarios y secretaria de prensa. En segundo lugar, todas llamarían a su jefe «Bob» («Aún parece extraño», dice Brittany). En tercer lugar, Brittany era la verdadera directora de la campaña, lo cual era un trabajo a tiempo completo.

Los proyectos inmediatos de la campaña incluían rellenar documentos del candidato, componer una página web y diseñar folletos de campaña. Debido a que ninguna de las adolescentes tenía experiencia alguna en administración de campañas, casi todo lo que hacían era una nueva experiencia de aprendizaje... emocionante, pero con frecuencia aterradora al mismo tiempo. El papel de Brittany, por ejemplo, requería que representara la campaña en numerosas actividades, hablando en público sobre Bob Schaffer y dando actualizaciones de la campaña en funciones políticas. Ella tenía la responsabilidad de estar por encima de todos los detalles de la campaña, desde cuánto dinero había en la cuenta bancaria hasta los acontecimientos a los que iba a asistir Bob.

Al volver la vista atrás, Brittany solo puede reírse por la increíble variedad que implicaba su trabajo: «Yo supervisaba la presencia en línea de la campaña, bosquejaba anuncios de campaña para la radio, escribía cartas para recaudar fondos, respondía miles de llamadas telefónicas y de correos electrónicos, realizaba entrevistas en la radio y los periódicos, e incluso presentaba un programa de radio junto con otros dos jóvenes del personal de la campaña. A decir verdad, *realmente* tenía que tomar todas las cosas día a día y paso a paso».

Como si manejar todas esas nuevas actividades no fuera lo bastante difícil, Brittany también tuvo que enfrentarse al escepticismo debido a su edad. Aunque muchos apoyaban la idea de una campaña dirigida por jóvenes, otros dudaban de plano que una muchacha de diecisiete años pudiera manejar una campaña en un distrito del tamaño de Indiana y un presupuesto de cincuenta y cinco mil dólares.

«Sin duda hubo momentos en que yo pensaba que era imposible», admite Brittany. «Sin embargo, Bob creía que yo podía hacerlo, y me lo decía cada día. Lo más importante, yo sabía que Dios me daría todo lo que necesitaba para completar la tarea que Él me había asignado».

Una de las mayores tareas del equipo era la de distribuir ochenta y cinco mil ejemplares de su periódico de campaña: el *Bob Schaffer Education Times*. El periódico realizado por estudiantes incluía historias del desarrollo de la campaña, artículos sobre la experiencia de Bob, informes de la historia y la responsabilidad de la junta estatal de educación, y muchas fotografías que mostraban a adolescentes participando en la campaña.

«La realidad es que una no se da cuenta de lo grande que es la cifra de ochenta y cinco mil hasta que tiene que descargar esa cantidad de periódicos de la parte trasera de un camión», dice Brittany riendo. «Tendrían que haber visto la expresión de las caras de mis familiares cuando llegué a casa un día con veinticinco mil periódicos que necesitaba almacenar en alguna parte».

A medida que se acercaban las elecciones, la campaña se volvió más agitada, los días de trabajo llegaban hasta las catorce horas, y una falta de sueño general inundaba las oficinas de campaña. Brittany recuerda que le dijo a su mamá una tarde: «Hay cuatrocientos mil votantes en el cuarto distrito, y mi tarea es asegurarme de que todos voten por Bob Schaffer».

Ella estaba bromeando… en cierto modo.

Dos meses y medio después del desayuno en el condado de Weld llegó el día de las elecciones, y los escépticos dieron su respuesta: la campaña compuesta toda por jóvenes de Bob Schaffer le había impulsado a ganar, con el cincuenta y siete por ciento de los votos. El 7 de noviembre de 2006 fue el día de la victoria.

Al volver la vista atrás, Brittany está sorprendida por lo que fue capaz de lograr, pero al final no lo considera notable en absoluto. «Muchas personas, incluso senadores y congresistas de Estados Unidos, me han dicho que lo que yo hice fue especial, pero en realidad creo que otros adolescentes no solo pueden hacer lo mismo que yo, sino que pueden hacer cosas mucho más difíciles».

¿Se lamenta Brittany por el modo en que pasó sus años de adolescencia? ¿Siente como si se hubiera perdido algo al no haber pasado más tiempo divirtiéndose? (Pista de los autores: no le hagas a Brittany esta pregunta a menos que quieras obtener una respuesta increíblemente apasionada).

«¿Quién dijo que hacer cosas difíciles no sea divertido?», dice ella con buen humor. «Por el contrario, siento que me perdí algo al no haber apuntado hacia *más* cosas difíciles. Encontrarás más alegría al hacer lo que Dios te ha llamado a hacer que la que te producirá un viaje al centro comercial o una noche en el cine».

Brittany considera las oportunidades que ha tenido de trabajar en la política un testimonio del maravilloso plan de Dios para cada persona, si es que estamos dispuestos a seguirle a cualquier parte que Él nos guíe, y cualquiera que sea el costo.

«La visión que tengo para el resto de mi vida es vivir cada día rendida por completo a Dios», nos dijo Brittany por teléfono. «No sé lo que me deparará el futuro, pero sé quién tiene el futuro en sus manos». A corto plazo, su futuro incluye más política. Nos llamaba desde las oficinas de campaña de un destacado candidato presidencial.

«Si pudiera echar un vistazo a lo que espero que incluya mi vida en el futuro...», hace una pausa. Entonces, como si le hubieran infundido una ráfaga de confianza, la muchacha de dieciocho años continúa: «Describiría la escena como una casa con hijos, uno de ellos en mi regazo mientras estoy al teléfono hablando con algún director de campaña sobre lo que debería decir la siguiente nota de prensa».

Se ríe. Ahora que hemos hecho que comience, sigue adelante.

«Por mucho que me guste la política y las campañas, no hay una sola tarea política que pueda encontrar y que encajase en el gozo y la satisfacción que vienen de seguir el llamado especial de Dios a ser una dedicada esposa y madre. Las campañas se ganan y se pierden; hay elecciones cada año. Yo misma solo puedo hacer cierto número de cosas. Lo que me resulta más inspirador es la idea de rebelucionarios por todo el mundo educando muchos hijos que vayan contracultura, con temor de Dios, que desafíen las bajas expectativas y estén siempre haciendo cosas difíciles para la gloria de Dios».

Al final, las sinceras palabras de cierre de Brittany, y sus impresionantes logros políticos, son las más contraculturales de todas.

> Creo que las puertas que Dios ha abierto para mí y las lecciones que Él me ha enseñado a través de la política solo me están preparando para ser la esposa y la madre que Él quiere que sea. Pasar de directora de campaña a directora del hogar me parece muy estupendo. Ser esposa y madre es un llamado más alto que la política.
>
> Brittany Lewin, dieciocho años de edad

Leslie y Lauren Reavely: Llevar esperanza a las calles

A las cinco y media de la mañana, Leslie y Lauren Reavely se despertaron sobresaltadas por las alarmas de incendio, bombas de humo y los bomberos voluntarios. Trabajadores de rescate gritaban: «¡Todo el mundo agarre su saco de dormir y sus zapatos! ¡Ahora son ustedes refugiados! El edificio se ha quemado, ¡y deben irse de inmediato!».

En realidad, el edificio no estaba ardiendo, tal como las muchachas se dieron cuenta en seguida. Sin embargo, cuando a las hermanas y a otros cincuenta estudiantes los evacuaron a un campo cercano, era cada vez más fácil imaginar que eran refugiados de verdad.

Leslie y Lauren (de catorce y once años de edad) estaban participando en un programa anual de verano en el lago Trout, Washington, realizado por *WorldVenture*. La campaña de cada año está pensada para que los jóvenes puedan probar cómo es la vida misionera. La meta es mostrarles a los estudiantes que Dios quiere utilizarlos para satisfacer las necesidades físicas y espirituales de personas en todo el mundo. En el caso de Leslie y Lauren, el plan dio resultado.

El siguiente día y medio se empleó viviendo en un campo de refugiados improvisado. Todos buscaban cacahuetes esparcidos entre la hierba y encontraron plátanos atados a árboles. Construyeron refugios utilizando lona y cajas de cartón que consiguieron en un vertedero cercano. Nadie sabía lo que sucedería a continuación, pero nadie estaba demasiado preocupado al respecto. Después de todo, era un campamento misionero.

Al final de su primer día como refugiados, se les dijo a los estudiantes que se pusieran en fila para recibir cajas de zapatos de *Operation Christmas Child* que las «enviaron desde Estados Unidos». Las cajas contenían objetos sencillos como un cepillo de dientes y pasta de dientes, una pastilla de jabón y una botella de agua.

Unos días después, Leslie y Lauren se encontraron de regreso en su casa con aire acondicionado en Portland, Oregón, disfrutando de sus cálidas camas y su refrigerador lleno de cosas para comer. Aun así, el campamento resultó exitoso en gran medida. Ellas no podían olvidar lo bien que se sintieron esa noche en el campamento nada más que por poder cepillarse los dientes y lavarse las manos. Solo habían vivido como refugiadas un día y medio. ¿Y las personas que vivían así durante meses o incluso años?

En las semanas siguientes, las muchachas de repente comenzaron a observar a las mujeres y los hombres desamparados que buscaban en los contenedores de basura y dormían debajo de los puentes. Portland seguía siendo igual, pero Leslie y Lauren habían cambiado. «Nos dimos cuenta de que las personas sin hogar se parecen a los refugiados en nuestra propia ciudad», dice Leslie. «Son refugiados y nosotras estamos en la posición de ayudarles».

En el pasado, las muchachas nunca habían sabido bien cómo servir a los desamparados. Lauren todavía recuerda que iba en el auto con su mamá cuando lo único que tenían para darle a un hombre pobre que estaba en la acera era un melón cantalupo. «No teníamos ni idea de cómo iba a comérselo», dice Lauren ruborizada. «Ni siquiera estoy segura de que estuviera maduro».

No obstante, su experiencia en el campo misionero les había dado una nueva perspectiva y una idea. Después de hablar con sus padres y con un trabajador de la misión *Portland Rescue*, las hermanas lanzaron *Hope 2 Others* (H2O), que les proporciona a las personas desamparadas bolsas con productos esenciales como agua embotellada, barritas de cereales, atún y galletas, frutos secos, pañuelos de papel, toallitas para las manos, un vale de comida en la misión y un folleto del evangelio que habla de la esperanza de Cristo.

«Una vez al mes realizamos fiestas de preparación y tenemos las bolsas disponibles en nuestra iglesia», explica Leslie. Las bolsas cuestan tres dólares cada una, a fin de cubrir el costo del contenido, y la intención es que los conductores las lleven en sus autos para que cuando se encuentren con una persona sin hogar, tengan una buena solución para satisfacer algunas de las necesidades de dicha persona.

El proyecto les ha proporcionado a estas dos muchachas, «no necesariamente tímidas, no necesariamente extravertidas», muchas oportunidades de confiar en Dios y salir de sus zonas de comodidad.

«Creo que el momento más desafiante para mí fue cuando comenzamos», recuerda Leslie. «Lauren y yo teníamos que hablarles de nuestra idea a los ancianos de nuestra iglesia.

¡Recuerdo que sentía mariposas en el estómago y estaba tan nerviosa que pensaba que no me saldría la voz! La reunión fue bien, y ahora nuestro ministerio va adelante, pero en ese momento pensaba con seguridad que no se produciría. ¡Me puse nerviosa de verdad!».

Desde entonces, Leslie y Lauren (que ahora tienen dieciséis y trece años) han distribuido cerca de quinientas bolsas y las han presentado en el *Oregonian*, el periódico más importante de su Estado. El titular dice: «Adolescentes abren sus corazones a los desamparados de Portland».

Doug Hazen, director del campamento misionero que les inspiró, estaba tan impresionado por su campaña que las invitó a hablar en el banquete misionero anual de su organización y después estructuró el campamento misionero del año 2007 en torno al tema de muchachos que ayudan a otros.

«Las chicas Reavely fueron la inspiración para mí» dice él.

Debido a toda la atención, las muchachas han tenido que desarrollar una estrategia para manejar las docenas de peticiones que reciben de otros grupos y que quieren lanzar ministerios parecidos en sus iglesias o en sus escuelas.

«Hemos comenzado a distribuir un CD sobre cómo comenzar tu propio ministerio H2O y crear una página web (hope2others.blogspot.com) donde las personas puedan mantenerse al día sobre nuestro ministerio», explica Lauren. «Personas a las que ni siquiera conocemos están ayudando con esta campaña. Está por encima de todos nuestros sueños».

Incluso con el éxito, las muchachas con frecuencia han tenido que batallar contra el desaliento, ya fuera porque las bolsas no se vendían con tanta rapidez como quisieran o porque alguien cuestionase su enfoque.

«En esos momentos parece que Dios siempre nos envía aliento por parte de personas que han sido impactadas por el ministerio», dice Leslie. «Siempre es un gozo oír de personas que están emocionadas por hablar del amor de Dios a través de nuestras bolsas o por ver las reacciones de las personas sin hogar cuando las reciben».

Una de sus historias favoritas para contar es cuando le entregaron una bolsa a una señora desamparada en una salida y llegaron a verla cómo la abría mientras esperaban a que cambiara el semáforo. Ella sacó en primer lugar la barrita de cereales y después el folleto evangelístico. Para emoción de ellas (bueno, estaban bailando en el auto) la señora lo estaba leyendo, ¡y cuando se fueron, ella seguía leyéndolo!

«Nuestra meta definitiva es ver a personas que tienen hambre, sin techo y sin esperanza encontrar esperanza en Cristo», dice Lauren, «pero creíamos que esas personas en realidad no leían los folletos. Ver a aquella mujer con tal interés nos recordó que Dios puede hacer cualquier cosa».

A decir verdad, aprender a confiar en que Dios haga lo imposible por medio de ellas ha sido la lección de todo el proceso para Leslie y Lauren.

> ¡Nada es imposible para Dios! Si tienes una pasión o un deseo de hacer algo para Él, no digas «Es imposible», y cierres la puerta con duda o temor. Dios puede hacerlo, ¡y puede que quiera hacerlo por medio de ti! No le subestimes. Él puede sobrepasar todas tus expectativas. Yo lo sé porque Él lo ha hecho conmigo.
>
> Leslie Reavely, dieciséis años de edad

Brantley Gunn: Campo misionero en la puerta contigua

Ya sea introduciendo de contrabando Biblias en China, que te roben a punta de pistola en África, o lanzando organizaciones sin ánimo de lucro en Jackson, Misisipi, Brantley Gunn, de dieciséis años de edad, se considera un adolescente común que hace cosas un poco inusuales a causa de un muy buen motivo.

«El cumplimiento de la Gran Comisión siempre ha sido algo fundamental en nuestra familia», dice Brantley. «Recuerdo que incluso cuando era un niño de preescolar trabajaba con mi familia en los comedores comunitarios del Ejército de Salvación y distribuía paquetes de alimentos a familias pobres en las vacaciones».

A los once años de edad, Brantley estaba participando en viajes misioneros de corto plazo con su iglesia. Aún recuerda cuando arrastraba maletas llenas de Biblias por las calles de China con su papá. En ese entonces comenzó a sentir por primera vez el llamado de Dios a un estilo de vida de la Gran Comisión que fuera más allá de los viajes patrocinados por la iglesia y otras ocasiones especiales.

Un año después, Brantley se encontraba en otro viaje misionero, esta vez en Kenia. Sus primeras impresiones eran de calles llenas de lodo, moscas por todas partes y deprimentes cabañas fabricadas con una mezcla de palos y estiércol de vaca seco. Una de esas cabañas albergaba a seis personas, dos cabras, una vaca y tres perros. Había escarabajos por todas partes.

«Me gustaría que todos los jóvenes estadounidenses pudieran pasar un solo día en una experiencia africana», dice Brantley. «La transformación sería poderosa; creo que motivaría a las personas a buscar tesoros celestiales en lugar de tesoros materiales».

La experiencia de Brantley abrió sus ojos a la belleza rota del mundo y le enseñó la importancia de satisfacer las necesidades físicas y también espirituales de las personas. «Jesús con frecuencia trataba las necesidades físicas del individuo antes de atender a sus necesidades espirituales», explica. «Después de todo, es difícil para una persona pensar de verdad en el cielo si se está muriendo de hambre».

Al regresar a su casa en Misisipi, los pensamientos de Brantley comenzaron a tomar forma, incluso cuando sus «nuevos ojos» empezaron a ver la similitud existente entre las cabañas africanas en Nairobi y las ruinosas casas en los guetos de Jackson. Un poco de investigación rápida confirmó sus sospechas. Él ya vivía entre parte de la peor pobreza y podredumbre urbana en los Estados Unidos.

El campo misionero de Brantley Gunn estaba justo delante de su puerta.

Armado de una ambición santa por servir «a los huérfanos y a las viudas en sus aflicciones» (Santiago 1:27), Brantley lanzó *Students Aiding Indigent Families* [Estudiantes que ayudan a familias indigentes] (SAIF), una organización sin fines de lucro para ayudar a familias necesitadas en Misisipi. SAIF compra casas abandonadas y en mal estado de los barrios bajos de Jackson, después recluta equipos de estudiantes para repararlas y remodelarlas, y dejarlas como nuevas. Cuando la casa está lista para la venta, Brantley ayuda a organizar la financiación bancaria para el nuevo dueño, casi siempre una madre soltera pobre.

No es necesario decir que dar comienzo a una operación tan seria no fue fácil. Brantley pasó horas investigando la manera de crear una organización benéfica y entrar en contacto con otras organizaciones sin ánimo de lucro, grupos de servicio comunitario e inversores inmobiliarios. Tres años desde su lanzamiento, SAIF ha atraído a más de doscientos estudiantes a la causa y ha generado más de cien mil dólares en beneficios anuales; pero Brantley aún recuerda que comenzó sin ningún dinero, sin miembros y sin experiencia.

«Cualquier otro muchacho de trece años que se enfrentara a obstáculos insuperables en apariencia, se habría dado por vencido allí mismo y se habría ido a jugar videojuegos», dice Steve Guyton, uno de los miembros adultos de la junta de SAIF. «Sin embargo, Brantley no. Él tiene agallas de verdad».

Es interesante que Brantley quizá no estuviera de acuerdo. «En realidad, no me veo como nada especial ni sobresaliente», nos dijo. Es más, describe la atención que ha recibido como «abrumadora» y «embarazosa». Esto proviene de un muchacho que ha batallado por mucho tiempo con el trastorno de déficit de atención y por recibir burlas en la escuela a causa de su baja estatura (aunque él dice con alegría que en los últimos seis meses ha crecido).

«Creo que la mayoría de los muchachos puede hacer lo que hago yo», dice, «pero casi todos ellos están más preocupados por cosas como el fútbol y las animadoras. La única diferencia entre ellos y yo es que yo me enfoco en cosas diferentes».

Desde luego, aclara, eso no significa que no se divierta. Si le llevas a la pista de motocross, puede hacer un triple salto y lanzarse con los mejores; y tiene los huesos rotos para demostrarlo. Sin embargo, tal vez se podría decir que su definición de *diversión* es más inclusiva; incluye servir a los demás, marcar una diferencia y agradar a Dios.

Una de sus historias favoritas es sobre una mujer llamada Hannah que vivía en una covacha infestada de ratas y de cucarachas. Tenía dos hijas con graves deficiencias y, de algún modo, vivía con mil quinientos dólares al mes. SAIF encontró a Hannah y trasladó a su familia a una casa remodelada de tres habitaciones en un estupendo vecindario por una parte del costo de su antiguo alquiler.

«Cuando le entregué a la Sra. Hannah las llaves de su nuevo hogar, ella tenía una inmensa sonrisa, y lágrimas de alegría corrían por su rostro», dice Brantley. «Mi brillo refleja las sonrisas en los rostros de personas a las que ayudo como la Sra. Hannah; brilla con más fuerza que cualquier sol».

> Cuando hago mi trabajo misionero... me acuerdo de lo que dice Eric Liddell en la película *Carros de fuego*: «Cuando corro, siento el agrado de Dios». Bien, cuando yo hago trabajo misionero... siento el agrado de Dios y siento que estoy haciendo su voluntad [...] Y para mí, eso es lo que significa vivir una vida plena y divertida como adolescente.
>
> Brantley Gunn, dieciséis años de edad

Lo que es y lo que podría ser

«Creo que las bajas expectativas que el mundo pone encima de los jóvenes es precisamente lo que conducirá a nuestra generación a hacer algo grande», explica el chico de diecinueve años emocionado, cambiando de posición en el estrecho asiento. Es un bonito autobús de turismo, pero no es un salón espacioso. «En realidad, siento que la intensidad está creciendo en nuestra generación. Es una pasión que tan solo necesita que se desate sobre algo que sea adecuado y puro».

Mientras estamos sentados en el autobús de turismo de Leeland Mooring minutos antes de que su grupo nominado a los premios Grammy (que lleva su apellido) ocupe el escenario en el *Memorial Coliseum* en Portland, es difícil no sentir que acabamos de descubrir a nuestro triplete perdido por tanto tiempo; descontando, desde luego, su cabello rojizo y su genio musical (por alguna razón no nos ha pedido que nos unamos al grupo). Dejando a un lado las diferencias externas, sus palabras encajan con el latido de todo lo que tenemos que decir.

«Creo que nuestra generación está harta del mundo», continúa él. «Está harta de todo lo que tiene que ofrecer. La única razón de que lo sigan se debe a que eso es lo único que se les da, sinceramente. Por eso nuestra misión como grupo es despertar a nuestra generación. Queremos ver a nuestra generación haciendo cosas difíciles. Queremos que estén apasionados por completo por el evangelio de Jesucristo».

¿Estás seguro de que no estamos relacionados?

Desde que comenzamos este notable viaje hace dos años y medio, una y otra vez nos hemos sorprendido al escuchar el mismo clamor que proviene de jóvenes en todo el mundo, una inquietud creciente que por fin está encontrando una voz.

Leeland tiene razón. Nuestra generación *está* preparada para una alternativa. Nosotros *estamos* preparados para hacer algo grande. En este capítulo conociste a algunos héroes improbables que ya están guiando el camino a fin de volver a definir de qué se tratan los años de la adolescencia. Tenían doce años cuando comenzaron a detestar la esclavitud, catorce cuando tuvieron compasión de las personas sin hogar o diecisiete cuando decidieron que dirigir una campaña política de cincuenta y cinco mil dólares no era imposible.

Aunque este capítulo solo muestra varios ejemplos de una realidad mucho mayor, esperamos que hayas captado destellos de lo que es, y de lo que podría ser. Una generación se está despertando; podemos sentirlo. Rebelucionarios como Zach, Jazzy, Brittany, Leslie, Lauren, Brantley y Leeland nos ayudan a verlo. Esto es real. Está sucediendo.

Ahora es el momento de que escribas tu propia historia.

MUNDO, CONOCE A TUS REBELUCIONARIOS

La transformación de tu visión desde una decisión hasta un destino

D espués de una agotadora caminata de dos horas, por fin llegamos a la cima de la cordillera Front en Colorado. Las altas paredes del cañón habían obstaculizado el sol primaveral en nuestro ascenso, y nuestro sendero nos había llevado de aquí para allá por el riachuelo del cañón al menos una docena de veces. Ambos nos las habíamos arreglado para resbalar al menos una vez sobre las piedras heladas, y las partes inferiores de nuestros pantalones estaban congeladas. Ahora, el calor del sol comenzaba a calentar nuestros cuerpos a medida que observábamos el panorama.

Era impresionante.

Por debajo de nosotros podíamos ver el viejo castillo de Glen Eyrie rodeado por un bosque de color verde oscuro. Más allá estaba la ciudad de Colorado Springs, enmarcada por un cielo azul intenso salpicado de nubes blancas, y a nuestra izquierda estaba la joya que es el Jardín de los Dioses, con sus impresionantes formaciones rocosas de color rojo. Lo único que se elevaba por encima de nosotros era el pico Pikes, cubierto de nieve. Incluso había halcones planeando por debajo de nosotros.

Con cuidado nos abrimos paso hasta un estrecho saliente de la roca por encima del cañón antes de quedarnos a descansar, leer nuestra Biblia y adorar. Sentados entre la tierra y el cielo, sentimos nuestra pequeñez y la inimaginable grandeza de Dios.

Esa mañana inolvidable se produjo durante una época ajetreada y estresante. Acabábamos de terminar de presentar los resultados de la encuesta sobre la modestia, y nos dirigíamos a nuestra primera gira nacional de conferencias en el verano. Incluso nuestro viaje a Colorado estaba relacionado con la Rebelución. Sin embargo, mientras estábamos allí al sol en la cima del mundo, nuestras próximas conferencias de repente no parecieron tan abrumadoras y no nos sentimos tan cansados.

Un buen libro puede ser como nuestra experiencia en la montaña ese día. Te elevan de la rutina cotidiana y te transportan a un nuevo lugar. Pasas tiempo en la cumbre viendo cosas desde una nueva perspectiva y con mayor claridad. Tu fuerza comienza a volver y estás preparado para regresar al valle y vivir con un nuevo propósito.

Oramos para que este libro haya sido así para ti. Como dijimos al comienzo, este es un tipo de libro distinto para adolescentes. Te desafía a aceptar una manera mejor, pero más difícil, de vivir tus años de adolescencia y los siguientes. Sabemos que *Haz cosas difíciles* no es un libro fácil con un mensaje fácil, pero hemos intentado hacer algo más que hablar sobre ideas. Hemos querido mostrarte la belleza de esas ideas en acción en las vidas de jóvenes en todo el mundo.

Al mirar hacia atrás, esperamos que veas lo lejos que has llegado.

En primer lugar, sacamos al descubierto el Mito de la Adolescencia y exploramos el verdadero propósito de los años de la adolescencia como nuestra mejor oportunidad para lanzarnos a un futuro emocionante. Después, desempaquetamos la mentalidad rebelucionaria de «haz cosas difíciles» y la dividimos en cinco tipos de cosas difíciles que pueden cambiar tu mundo:

- cosas que están fuera de tu zona de comodidad: *correr riesgos para madurar*
- cosas que están más allá de lo que se espera o se requiere: *buscar la excelencia*
- cosas que son demasiado grandes para lograrlas solos: *soñar en grande y atreverte*
- cosas que no proporcionan una recompensa inmediata: *ser fiel y escoger la integridad*
- cosas que desafían la norma cultural: *adoptar una postura a favor de lo que es bueno*

En los últimos capítulos hemos dado un paso atrás y hemos visto la Rebelución como movimiento. Preguntamos cómo sería que una nueva generación sea sal y luz reuniendo los tres pilares de la Rebelución: carácter semejante a Cristo, competencia que honra a Dios y colaboración que abarca el mundo entero. En el capítulo anterior vimos un destello de las inspiradoras historias que ya la están escribiendo esta creciente contracultura de rebelucionarios.

Ahora has llegado a la cumbre, y esperamos que tengas una visión personal para un nuevo y emocionante modo de vivir. A medida que te preparas para dirigirte al mundo lleno de acción de la vida real, queremos aportar algunas ideas para alentarte e inspirarte. Esto se debe a que en la vida real es donde comenzarás a crear la historia más importante de todo este libro: la tuya propia.

Hagamos que permanezca

Una experiencia en la cumbre de una montaña puede emocionarnos. En ese momento, las prioridades están claras y el sendero por delante se distingue con facilidad. Sin embargo, una vez que comienzas el descenso, la emoción puede desaparecer. Cuando regresas al valle, empiezas a ver más obstáculos y menos perspectiva. No te sientes tan invencible (o, como le sucedió a uno de nosotros en el camino de descenso de nuestra cumbre, pierdes el paso y aterrizas con las manos por delante sobre un cactus).

Pasar de una gran idea a un cambio significativo es difícil.

Por eso tenemos que preguntar: ¿Cómo realizas una transición exitosa desde leer sobre grandes ideas a ponerlas en práctica de verdad? ¿Cómo haces que permanezca lo que has aprendido? Y en el peor de los escenarios, ¿cómo mantienes en tu mente la majestuosa perspectiva cuando estás quitándote espinas de cactus de tu mano?

La respuesta es trazar un rumbo claro.

En este capítulo queremos mostrarte cómo hacer de tu rebelución una experiencia que permanezca y crezca, una experiencia que bendiga Dios. Los tres ejemplos siguientes no encajarán con exactitud en los desafíos de tu mundo real, pero creemos que cada historia ilustra soluciones prácticas para cualquier rebelucionario que esté listo para dar sus primeros pasos.

Fuera con lo viejo

Noah es alumno de primer año de secundaria en Georgia. Se ha dado cuenta de que, para él, ser un rebelucionario significa llegar por fin a tomar en serio los compromisos invisibles en su vida. Hace poco, su pastor de jóvenes dio un contundente mensaje sobre Hebreos 12:1: «Por tanto, también nosotros, que estamos rodeados de una multitud tan grande de testigos, despojémonos del lastre que nos estorba, en especial del pecado que nos asedia, y corramos con perseverancia la carrera que tenemos por delante».

Noah sabe que algunos pesos en su vida están impidiendo que corra su mejor carrera. Su adicción al videojuego *Halo*, por ejemplo. Es uno de los mejores jugadores de los que conoce, y por una buena razón: juega casi todo el día, con frecuencia hasta muy entrada la noche. A causa de eso, sus calificaciones sufren, y también lo hacen sus amistades y su familia. Es más, aparte de asistir a la iglesia con sus padres y su hermana menor cada semana, rara vez pasa tiempo a su lado.

Esta no es la primera vez en la que Noah ha sentido convicción acerca de estas cosas. El verano pasado fue a un viaje misionero de corto plazo a México con su grupo de jóvenes. «Cuando regresamos, no jugué tanto a *Halo* durante el resto del verano», dice. «En cambio, cuando comenzó la escuela, no sé, volví a las viejas rutinas».

Sin embargo, esta vez va a ser diferente. «Sé que si en verdad quiero comenzar a hacer cosas difíciles, tengo que librarme primero de algunas cosas viejas», explica.

¿Primer paso? «La Xbox tiene que irse».

Este es el plan de acción rebelucionario de cinco pasos de Noah:

1. *Poner a la venta en eBay mi Xbox 360.* Noah no está diciendo que nunca volverá a jugar *Halo*, pero reconoce la necesidad de una ruptura limpia y total. Además, decirles a sus amigos en la escuela que se deshizo de su *Xbox* le dará una oportunidad perfecta para explicar por qué lo hace.

2. *Reorganizar mi cuarto, literalmente.* Antes de este paso, el cuarto de Noah era la guarida de *Halo*. Todos los muebles estaban ubicados para estar delante del televisor. Incluso, los carteles en la pared eran de videojuegos. Ahora, se trasladó el televisor al garaje, y muchas de las cosas se fueron a la basura o se guardaron en cajas. Noah diseñó un cartel de «haz cosas difíciles» para su puerta y limpió su escritorio a fin de hacer espacio para estudiar. El acto físico de reorganizar su cuarto le ha ayudado a reforzar su decisión de ser un rebelucionario.

3. *Hablar con el pastor Jon sobre la lectura de algunos buenos libros.* Noah solía leer mucho cuando era más pequeño, pero no tanto en los últimos tiempos. Decidió pedirle a su pastor que le recomendara algunos buenos libros de la biblioteca de la iglesia.

4. *Pasar tiempo personal con su hermana al menos una vez a la semana.* Noah puede recordar el año en que entró a la secundaria y los nuevos retos que supuso; siempre habría querido tener un hermano mayor para que le enseñara. Ahora su hermana, Michelle, está pasando por la transición, y Noah quiere estar a su lado. Ya sea una visita a una cafetería para tomar café después de la escuela o un viaje rápido juntos al supermercado, eso fortalecerá su relación y les dará tiempo para conversar.

5. *Unirse con papá o mamá en un proyecto de trabajo al menos dos veces al mes.* El padre de Noah trabaja haciendo cosas en la casa casi todos los fines de semana, pero en las raras ocasiones en que Noah ha ayudado, tendió a hacerlo en una habitación diferente o al otro lado del jardín. Noah ha decidido trabajar a propósito *con* su papá, de modo que puedan hablar mientras trabajan. Él se graduará dentro de pocos años, y quiere conocer la perspectiva de su papá sobre cosas difíciles que puede hacer ahora con el objetivo de prepararse para el futuro. Además, tiene el mismo plan de ayudar a su mamá en la cocina.

Pregúntale a Noah, y él te dirá que está más emocionado de lo que se ha sentido en mucho tiempo. «Desde luego, es solo un comienzo», admite. «Aun así, lo que importa es hacia dónde me dirijo. ¡Hace poco no me había dirigido a ninguna parte! Y aunque aferrarme a mi plan será difícil a veces, valdrá la pena. De eso se trata hacer cosas difíciles, ¿no es cierto?».

Ayudemos a quienes están solos

Para Serena, ser una rebelucionaria significa redimir algunos años desperdiciados en términos de su pureza sexual. Ella sabe que Dios la ha perdonado, y ahora su pasión es ayudar a otras muchachas, en especial a sus compatriotas latinas, a evitar que cometan los mismos errores que ella. En sus círculos en la escuela y el trabajo, conoce a muchachas que en verdad no quieren ceder a las presiones culturales en cuanto a vestimenta y relaciones, pero no saben cómo mantenerse firmes solas.

«Hay muchas muchachas que están heridas y confundidas», dice Serena. «Del mismo modo que estaba yo. Quiero ayudar a lanzar una rebelución sobre este tema [de la pureza sexual]».

Serena ha estado pensando casi durante un mes en iniciar un ministerio sobre la pureza sexual, y muchos de los detalles siguen sin estar claros para ella. No obstante, entiende que es momento de dejar de vacilar y dar el primer paso. Si Dios ha puesto esta ambición santa en su corazón, Él le ayudará a lograrlo.

He aquí el plan de acción rebelucionario de cinco pasos de Serena:

1. *Llamar a la Sra. López y concertar una reunión para tomar café, cuanto antes.* Una de las mayores responsables de ayudar a Serena a cambiar su patrón de relaciones rotas fue una mujer mayor en su iglesia. La Sra. López conoció a Serena en una actividad musical de alcance y había orado y llorado con ella, contándole su propia historia de pecado y redención, y conectando a Serena con algunos nuevos amigos cristianos. Ahora, Serena quiere pedirle a la Sra. López que sea su mentora a medida que se embarca en su aventura rebelucionaria.

2. *Comenzar un blog y empezar a escribir artículos.* Por fin, Serena quiere tener toda una página web con historias, artículos, foros de discusión y un compromiso a la pureza. Quizá hasta tenga una revista impresa. Aun

así, por ahora, la mejor manera de comenzar es con un blog. Ella puede poner vínculos a otras páginas web y crear una dirección de correo electrónico para que las muchachas se puedan poner en contacto con ella. Los primeros artículos serán su propia historia y las lecciones que ha aprendido; pronto tendrá también las historias de otras muchachas.

3. *Mandar un mensaje instantáneo a Nikki y preguntarle si le puede ayudar a crear un folleto.* Nikki es una rebelucionaria que estudia en casa en Pensilvania, y es estupenda en el diseño gráfico. Serena no la conoce en persona, pero comenzaron a mandarse mensajes entre sí durante una discusión sobre la pureza sexual en The-Rebelution.com y se han mantenido en contacto. Ella sabe que Nikki se alegrará de diseñar un folleto con un mensaje de Serena y un vínculo a su blog.

4. *Pedirle a Sarah que me ayude a difundir la noticia en la escuela.* Sarah es la mejor amiga de Serena y una gran persona en todos los sentidos. Nos dicen que *amigable* y *divertida* ni siquiera se acercan a hacerle justicia. Serena, por otro lado, es más reservada. La idea de distribuir folletos la asusta un poco; bueno, más que un poco. Si Sarah está a su lado, Serena sentirá más confianza y no podrá acobardarse.

5. *Investigar lo que se necesita para comenzar una organización sin fines de lucro.* Serena ha oído que es un proceso difícil llegar a convertirse en una organización sin fines de lucro reconocida por el gobierno, y por eso va a investigar un poco y descubrir lo que se necesita. Ella no necesitará ser una organización «oficial» en seguida, pero está en el proyecto a largo plazo y no quiere limitar lo que Dios podría hacer por medio de ella.

Serena tiene una ambición santa, y como la mayoría de las ambiciones santas, no viene con todos los detalles desglosados.

«A decir verdad, no sé lo que va a suceder», dice Serena. «A pesar de eso, lo que sí sé es que no sucederá nada hasta que yo confíe en Dios lo suficiente para dar el primer paso».

Reconsideremos el compañerismo

Para Brandon, de catorce años de edad, la primera fase de su rebelución es reevaluar por completo las personas con quienes sale. Recibió convicción cuando leyó Proverbios 13:20 acerca de «andar con sabios» o «juntarse con necios». Él entiende que si quiere rebelarse contra las bajas expectativas y vivir de modo radical para Cristo, va a necesitar amigos que le alienten a luchar por una norma más elevada. Él no la tiene en estos momentos.

Es más, Brandon ha notado que incluso sus amigos que dicen ser cristianos no viven en realidad como tales. Lo que es peor, en los últimos tiempos ha visto que se deja influir por las bromas que cuentan ellos y el lenguaje que utilizan. Él sabe que no puede hablar de esa manera en su casa, pero ha comenzado a hacerlo en la escuela en un esfuerzo por ser parte del grupo. Ha dado resultado, pues sus amigos se ríen y le dan golpecitos en la espalda... pero la integración ya no es lo que quiere Brandon.

«Jesús dijo que no importa si tienes la admiración del mundo si pierdes tu alma», dice poco a poco Brandon. «¿Quiero yo agradar a Jesús o a mis amigos?».

Brandon tiene otra perspectiva: sus compañeros no están limitados a personas. «Si la compañía humana de necios te hace daño, ¿no son las películas o los libros de cómics necios igual de malos?», pregunta. «Hasta ahora, nunca había pensado en esas cosas como "amigos", pero eso es lo que son en realidad».

»A veces paso más tiempo con esos compañeros que con mis amigos humanos», admite. «Y en realidad todos ellos son bastante deprimentes».

He aquí el plan de acción rebelucionario de cinco pasos de Brandon:

1. *Hablar con papá y mamá de todo.* Esta es una de las cosas más difíciles en la lista de Brandon. Por eso lo situó en el primer lugar. Quiere que sus padres sepan lo que está sucediendo en la escuela y lo que Dios ha estado haciendo en su corazón. Él sabe que si en realidad quiere cambiar, necesitará su apoyo y sus oraciones.

2. *Hablar con Jake y Logan en la escuela mañana.* Jake y Logan son los mejores amigos de Brandon en la escuela; y más que nada, quiere que se unan a él para rebelarse contra las bajas expectativas. Entiende que el primer paso para cambiar a sus amigos es cambiar el tipo de amigo que es él, y planea hablarles a Jake y Logan de la Rebelución e invitarles a leer *Haz cosas difíciles*.

3. *Invitar a Dreher y Brady a su casa este fin de semana.* Brandon sabe que aparte de intentar ser un compañero sabio para sus viejos amigos en la escuela, también necesita rodearse de nuevos compañeros que le ayuden a mantenerse en el buen camino. Dreher y Brady son solo un año o dos mayores que él, pero son líderes en su grupo de jóvenes y ellos le presentaron la Rebelución. Le dijeron que les encantaría que participara en la iglesia también, y Brandon planea hacerlo.

4. *Recortar el uso de la Internet, excepto para proyectos.* Este paso se trata de esos compañeros no humanos: los vídeos en línea, los cómics manga y los juegos. Brandon reconoce que la tecnología puede ser un recurso o un juguete dependiendo de la manera en que se utilice, pero últimamente la ha estado utilizando para permitirles la entrada a muchos «amigos necios», y es momento de hacer recortes. Además, dice él, ser un rebelucionario requerirá todo el tiempo extra que pueda conseguir. «¡Y eso es algo bueno!», afirma riéndose.

5. *Pasar al menos treinta minutos leyendo mi Biblia cada día.* Brandon entiende que más importante que encontrar buenos compañeros es llegar a conocer al Compañero

supremo; y no hay mejor manera de hacer eso que leyendo su Palabra. Brandon no sabe si siempre podrá hacerlo antes de la escuela, pero está decidido a que sea una prioridad dándole el primer tiempo libre que tenga cada día. Además, recortar tiempo en la Internet debería ayudarle.

Brandon no sabe cuál será para él la segunda fase de su rebelución, pero tiene confianza en que Dios le honrará si se mantiene humilde.

«Yo soy el primer rebelucionario que conozco en mi escuela», dice Brandon. «Aun así, sé que hay otros jóvenes que están buscando algo más. Quizá yo pueda ayudarles a mostrar lo que es eso».

La historia que espera que se cuente

Piensa en el camino rebelucionario que Dios te está llamando a tomar. Cuando leíste estas tres reseñas, ¿vino a tu mente algún «paso práctico»? Nosotros observamos cierta sabiduría recurrente que Noah, Serena y Brandon aplicaron a sus propias metas. Por ejemplo:

- Identificaron en qué cosas tenían que ser sinceros y con quién debían serlo.
- Decidieron los actos o patrones negativos que debían terminar.
- Reconocieron a las personas que podrían ayudarles mejor a llegar desde el punto A hasta el punto B e hicieron un plan para conectarse con ellas.
- Reconocieron uno o dos pasos de acción clave que, una vez dados, haría mucho más difícil que se acobardaran y volvieran atrás, y decidieron cuándo y cómo darían esos pasos.

- Reconocieron que no podían tener éxito sin la ayuda de Dios, y por eso crearon un plan práctico para permanecer cerca de Él.
- Esperaban el éxito, ¡y ya estaban emocionados por eso!

La gente nos pregunta dónde estará la Rebelución dentro de unos años. Nosotros les decimos que no conocemos los detalles, que es una pregunta imposible de responder. No obstante, si hay suficientes adolescentes que sigan los ejemplos de Noah, Serena y Brandon, y de los muchos otros rebelucionarios a los que conociste en este libro, no tenemos duda alguna de que el mensaje y el impacto de la Rebelución seguirán difundiéndose y creciendo. Jóvenes como tú apenas están comenzando a escribir las historias de sus vidas, poniendo en práctica y con esmero la visión desde la cumbre de la montaña.

Algún día, Dios mediante, millones oirán y se inspirarán por la historia que está esperando que se cuente. Y esa historia es la tuya.

¿Cuál es tu plan de acción rebelucionario de cinco pasos para comenzar? Dedica unos momentos para escribirlo. Tus palabras serán el registro de tu nuevo comienzo. Después, únete a nosotros y a un sinnúmero de jóvenes en esta aventura.

Sí, será difícil. Sin embargo, somos rebelucionarios.

Hacemos cosas difíciles.

APÉNDICE

HAZ COSAS DIFÍCILES, EL EVANGELIO Y TÚ

Hola, amigo. Soy Alex. Sí, terminó el libro. Brett y yo solo queremos hablarte de algo que no parecía encajar en ningún lugar, algo tan importante que estas siguientes páginas podrían demostrar ser las más transformadoras de todas para ti. Permite que me explique.

Haz cosas difíciles está escrito por cristianos para cristianos, pero no solo es para cristianos. Quizá tengas un amigo cristiano que te lo regalara, o quizá lo tomaste porque el título captó tu atención. Sea como sea, esperamos que hayas disfrutado y aprendido del libro.

No tienes que creer en Jesús para beneficiarte de hacer cosas difíciles, al igual que no tienes que creer en Él para beneficiarte de comer alimentos saludables ni de hacer ejercicio. Es el modo en que funciona la vida porque es la manera en que nos hizo Dios. Es la forma en la que *te* crearon para crecer.

Mi hermano y yo somos cristianos, y no nos avergonzamos de esto. Y no solo nos conformamos con la etiqueta. Aunque con frecuencia tenemos más fracasos que éxitos, intentamos practicar nuestra fe en cada momento de cada día, y podemos ver a Dios obrar en nuestras vidas.

Debido a eso, queremos asegurarnos de que todos nuestros lectores, ya sean cristianos o no, entiendan con exactitud de dónde venimos con este libro. Sí, hacer cosas difíciles no es solo para personas que creen en la Biblia, pero nosotros nunca habríamos escrito este libro ni te hubiéramos alentado a hacer cosas difíciles si no tuviéramos una perspectiva de la vida moldeada por la Biblia e impulsada por el evangelio.

Es probable que hayas escuchado la palabra *evangelio* muchas veces antes. En sentido literal, significa «buenas nuevas». Sin embargo, puede que no estés familiarizado por completo con lo que en verdad son esas buenas nuevas, incluso si has crecido en la iglesia. Por lo tanto, quiero hablarte sobre estas buenas nuevas y explicarte el modo en que se relacionan con hacer cosas difíciles y con la Rebelución.

Nuestro amigo Mark Dever, que es pastor de una iglesia en Washington DC, explica las buenas nuevas utilizando solamente cuatro palabras: *Dios, hombre, Cristo* y *respuesta*. Veamos cada una de ellas.

Las Buenas Nuevas

Dios es nuestro Creador y Señor todo sabio, todo bueno y todopoderoso. Él nos creó para glorificarle y disfrutar de su bondad para siempre. Nos crearon para que le conociéramos de manera personal.

> Digno eres, Señor y Dios nuestro, de recibir la gloria, la honra y el poder, porque tú creaste todas las cosas; por tu voluntad existen y fueron creadas.
> (Apocalipsis 4:11)

> [Al hablar con Dios, tú] me has dado a conocer la senda de la vida; me llenarás de alegría en tu presencia, y de dicha eterna a tu derecha.
> (Salmo 16:11)

El *hombre* se refiere nosotros: desde Adán y Eva hasta tú y yo. Nos hemos rebelado contra Dios al quebrantar su ley (lo que la Biblia denomina pecado) y buscar las cosas de este mundo para nuestros propios propósitos egoístas en lugar de hacerlo para los propósitos para los cuales los creó Dios. Nuestro pecado nos separa de Dios y nos expone a su justo juicio.

> Pues todos han pecado y están privados de la gloria de Dios.
> (Romanos 3:23)

> Ciertamente, la ira de Dios viene revelándose desde el cielo contra toda impiedad e injusticia de los seres humanos, que con su maldad obstruyen la verdad.
> (Romanos 1:18)

Cristo es nuestro Salvador. Dios envió a su propio Hijo a la tierra para vivir una vida sin pecado y morir la muerte que merecíamos nosotros. A través de la muerte y la resurrección de Jesús, nuestra deuda está pagada y nuestra relación con Dios puede restaurarse en esta vida y durante toda la eternidad.

> Porque tanto amó Dios al mundo, que dio a su Hijo unigénito, para que todo el que cree en él no se pierda, sino que tenga vida eterna.
> (Juan 3:16)

> Pero Dios demuestra su amor por nosotros en esto: en que cuando todavía éramos pecadores, Cristo murió por nosotros.
> (Romanos 5:8)

Y, por último, la única *respuesta* salvadora a estas estupendas buenas nuevas es arrepentirnos de nuestro pecado y creer. Eso significa darle la espalda a lo que sabemos que está mal y volvernos a Dios, confiar y obedecer, profesando que Jesús es nuestra salvación y nuestro Señor.

> ¿No ves que desprecias las riquezas de la bondad de Dios, de su tolerancia y de su paciencia, al no reconocer que su bondad quiere llevarte al arrepentimiento?
> (Romanos 2:4)

> Que si confiesas con tu boca que Jesús es el Señor, y crees en tu corazón que Dios lo levantó de entre los muertos, serás salvo.
> (Romanos 10:9)

La suprema cosa difícil

Lo que acabas de leer es el evangelio. Esta verdad sencilla y profundamente hermosa ha transformado millones de vidas. Aquí es donde entra la Rebelución, pues la marca de la genuina transformación es confiar en Dios lo suficiente para obedecerle en realidad; hacer lo que sabes que a Él le agrada, incluso cuando sabes que no agradará a otras personas; *hacer cosas difíciles*.

Mira, nosotros escogemos hacer cosas difíciles porque Jesús hizo lo más difícil, lo que nosotros nunca podríamos haber hecho por nuestra cuenta: Él murió en nuestro lugar y pagó por nuestros pecados. Apartados de Él, nada de lo que intentemos o logremos tendrá importancia duradera. Sin embargo, debido a que Él hizo algo de *supremo* significado, podemos vivir vidas que importen de verdad, no solo para el presente, sino también para toda la eternidad.

Esta verdad nos permite hacer cosas difíciles con confianza y alegría, incluso a gran costo para nosotros mismos, para honor de Aquel que nos salvó. ¿Por qué? Porque sabemos que las cosas difíciles que intentemos serán determinantes en gran medida. Nuestra confianza no está en la grandeza de nuestra visión ni en la fuerza de nuestros esfuerzos, sino en la gracia, la sabiduría y la bondad de Dios. Nuestro motivo para revelarnos contra las bajas expectativas en el mundo que nos rodea es que Jesús nos dice que Él ha vencido al mundo y que, por medio de la fe en Él, también podemos hacerlo nosotros. Como dice Filipenses 4:13, todo lo podemos en Cristo que nos fortalece. Todos nosotros, Brett, tú y yo, necesitamos lo que Cristo hizo para salvarnos. Y no solo para rescatarnos del juicio que merecemos, sino también para impedir que desperdiciemos nuestras vidas en cosas que no importan en realidad. Su salvación es un regalo gratuito; solo hay que aceptarlo.

Incluso si has oído esto antes y estás bastante seguro de que ya eres «salvo», piensa con detenimiento en estas palabras. Ser cristiano es mucho más que la etiqueta que llevas. Se trata de para quién y para qué vives. Quizá crecieras en la iglesia y hayas leído la Biblia todos los días, y aun así no estar viviendo para Dios. Es más, podrías estar haciendo todas esas cosas solo porque es más fácil fingir que eres cristiano ahora alrededor de tus familiares y amigos de lo que sería vivir abiertamente a favor de lo que te importa de verdad.

No hagas juegos con Dios. ¿Estás listo para arrepentirte y creer en las Buenas Nuevas de lo que Jesús ha hecho por ti? ¿Te unirás a nosotros en la aventura más increíble de todas? Si tu respuesta es sí, he aquí algunas ideas de lo que puedes hacer a continuación.

Habla con Dios

Puedes hacer esto de inmediato; no importa dónde estés ni qué hora sea. Con tus propias palabras, dile a Dios lo que hay en tu corazón, que ya no quieres seguir viviendo para ninguna otra cosa menos que Él. No te preocupes por las palabras. Él está ahí, Él te escucha y te ama como su propio hijo.

Habla con un amigo

¿Tienes algunos familiares o amigos cristianos? Diles lo que Dios ha hecho en tu corazón y pídeles que te ayuden a guiarte y a orar contigo a medida que comienzas la aventura de la vida cristiana.

Lee la Biblia

Si no tienes tu propia Biblia, pídele a un amigo cristiano que te ayude a encontrar una. Encontrar una no será difícil. Cuando la tengas, comienza leyendo en los Evangelios: Mateo, Marcos, Lucas y Juan. Llega a conocer a Jesús.

Busca una iglesia

Todos los cristianos, en especial los nuevos, necesitan el compañerismo y el apoyo de otros creyentes en una iglesia local. El pastor, pastor de jóvenes u otros adultos podrán ayudarte a responder preguntas que pudieras tener; y la iglesia puede ser una fuente de nuevos amigos que están apasionados por vivir para Dios.

Únete a la Rebelución

Conéctate a TheRebelution.com y conoce a rebelucionarios de ideas afines en todo el mundo. Cuéntanos tu historia (lee la página «Acerca de los Autores»). Nos encantaría escucharla.

Ahora que eres cristiano, puede que también quieras volver a leer partes de este libro. Además, busca oportunidades para hablarles del evangelio a tus amigos, incluso regalándoles un ejemplar de *Haz cosas difíciles* o comenzando un grupo de estudio en tu escuela.

Gracias por leer lo que tenía que decir. Si cambia una sola vida, todo este libro habrá valido la pena. ¡Dios te bendiga!

NOTAS

Capítulo 2

Dawn Eden, «Think big! HS twins tell peers», *New York Daily News*, 28 agosto 2005, www.nydailynews.com/archives/news/2005/08/28/2005-08-28_think_big_hs_twins_tell_pee-html.

John Ehinger, «Judicial-Rac-Excesses», *The Huntsville Times*, 3 de octubre 2007.

Capítulo 3

Friedrich Heer, *Challenge of Youth*, University of Alabama Press, Tuscaloosa, AL 1974, p, 128, énfasis de los autores.

John Taylor Gatto, *The Underground History of American Education*, Oxford Village Press, Oxford, NY, 2000, pp. 23-24, 30-33.

David Barnhart y Allan Metcalf, *America in So Many Words*, Houghton Mifflin, Boston, 1997, pp. 233-4.

Asa Hilliard III, «Do We Have the Will to Educate All Children?», *Educational Leadership* 49, n.º 1, septiembre de 1991, pp. 31-36, citado en Linda Lumsden, «Expectations for Students», *ERIC Digest* 116, julio de 1997.

Denise Witmer, «Teach Teens Responsibility by Setting Expectations», About.com, http://parentingteens.about.com/od/agesandstages/a/responsibility.htm.

Capítulo 4

Christian Smith y Melinda Lundquist Denton, *Soul Searching*, Oxford University Press, Nueva York, 2005, pp. 98-99.

J.C. Ryle, *Pensamientos para hombres jóvenes*, Calvary Press, Amityville, NY, 1996), p. 10.

Lev Grossman, «Grow Up? Not So Fast», *Time*, 16 de enero de 2005, www.time.com/time/magazine/article/ 0,9171, 1018089,00.html.

John Piper, *Las raíces de la perseverancia*, Editorial Unilit, Miami, FL, 2008, p. 142.

María Puente, «George Washington cuts a fine figure», *USA Today*, 12 de octubre de 2006, www.usatoday.com/travel/destinations/2006-10-12-mount-vernon_x.htm.

Capítulo 5

Stanley H. Frodsham, *Smith Wigglesworth: Apostle of Faith*, Gospel, Springfield, MO, 1993.

Capítulo 6

Bits & Pieces, 28 de mayo de 1992, p. 15; considera también http://net.bible.org/illustration.php?topic=294, seleccionar «c» y después «complacency».

Charles Haddon Spurgeon, *El tesoro de David*, volumen 1, Editorial Clie, Terrassa, Barcelona, España, 2003, p. 10 (del original en inglés), www.spurgeon.org/treasury/ps001.htm.

Edmund Morris, *El ascenso de Theodore Roosevelt*, Modern Library, Nueva York, 2001, pp. 32-33.

Capítulo 8

Martin Luther King Jr., «What Is Your Life´s Blueprint?», conferencia, Barratt Junior High School, Filadelfia, 26 de octubre de 1967, según se cita en SeattleTimes.com, http://seattletimes.nwsource.com/special/mlk/king/words/blueprint.html.

Capítulo 10

«Francis Schaeffer, discurso en la universidad de Notre Dame, abril 1981», citado en Nancy Pearcey, *Total Truth: Liberating Christianity from Its Cultural Captivity*, Crossway, Wheaton, IL, 2004, página de comienzo.

John Piper, «Holy Ambition: To Preach Where Christ Has Not Been Named», sermón, 27 de agosto de 2006, www.desiringgod.org/ResourceLibrary/Sermons/ByDate/2006/1790_Holy_Ambition_To_Preach_Where_Christ_Has_Not_Been_Named.

Capítulo 11

Zach Hunter, *Sé tú la diferencia*, Editorial Vida, Miami, FL, 2008.

Jeremy V. Jones, «End Slavery Now», *Breakaway*, marzo de 2007, pp. 18-22.

Cornelia Seigneur, «Teens open their hearts to Portland's homeless», *The Oregonian*, 9 agosto 2007.

Sarah Corrigan, «Brantley Gunn: World-Changer», *Breakaway*, julio 2007, www.breakawaymag.com/AllTheRest /A00000 0575.cfm#.

RECONOCIMIENTOS

Apple por el *MacBook Pro* y el *iPod Nano*.

A Dawn Eden, por su amistad con dos adolescentes blogueros sin experiencia y por alentarnos a seguir adelante. Eso significó muchísimo para nosotros.

A los blogueros originales *rebelucionarios* que ayudaron a lanzar el movimiento en el año 2005: Tim Sweetman, Alex King, Jake Smith, David Ketter, Kristin Braun, Chloe Anderson, Travis Henry, Karen Kovaka, David MacMillan III, Cody Herche y Marshall Sherman.

Al juez Tom Parker, por ser modelo de sabiduría, integridad y humildad como jurista, y por correr un riesgo al permitir que dos jóvenes tuvieran verdaderas responsabilidades.

A los asesores jurídicos internos en el tribunal, por creer con nosotros que muchachos de dieciséis años pueden hacer cosas difíciles, y por ser nuestros mentores a lo largo de las prácticas.

A Rebekah Guzmán, que levantó nuestros espíritus con su entusiasmo y apoyo en los primeros tiempos de las propuestas de libros y decisiones difíciles. Y a su esposo Ben. Nunca olvidaremos los juegos de minigolf, picas y encuentra el restaurante alemán.

A Fred Stoeker por todos sus consejos sobre libros e indicaciones de redacción. A Shanon Ethridge, por ser una guerrera de oración y por llevar nuestra propuesta a Multnomah.

A Steve Cobb, Dudley Delffs y Ken Peterson en WaterBrook Multnomah. Gracias por creer en un libro de dos escritores sin experiencia. A Kevin Loechl, por revisar el contrato.

A nuestro editor, David Kopp. Tú creíste en este proyecto en marzo de 2006 y seguiste empujando para hacer que sucediera.

Eres lo mejor de lo mejor. Gracias por ayudarnos a llevar el libro al siguiente nivel. A Heather Kopp, por ayudarnos a derribar el muro de la familiaridad excesiva y encontrar la estructura oculta en nuestro borrador. Este libro no se hubiera producido sin ti. Gracias por todos los increíbles memorandos.

A Cheri Colburn por la heroica edición. Tus comentarios y retoques hicieron maravillas. A Julia Wallace y Laura Wright, por ocuparse de los detalles finales. Gracias por asegurarse de que todas nuestras «t» llevaran punto y todas nuestras «i» llevaran raya.

A Alice Crider, Brian Thomasson y Jessica Lacy en la editorial Multnomah. A Joel Kneedler y Melissa Sturgis en publicidad. A Tiffany Lauer, Ginia Hairston, Allison O´Hara y Amy Haddock en mercadeo. A Carie Freimuth, Lori Addicott y Steve Reed en ventas. A Kristopher Orr y Mark Ford en diseño gráfico. A todos los demás en *WaterBrook Multnomah* cuyos nombres no conocemos. Su emoción fue el factor decisivo en nuestra decisión de escribir este libro con Multnomah. No podríamos estar más contentos con nuestro equipo.

A Jane Rohman, John Bianco, Nicole Devin y Molly Hamaker por su tremendo trabajo como publicistas independientes para el libro. Estamos sorprendidos de lo que hicieron.

A Evie Schmitt por manejar cientos de correos electrónicos y dejarnos libres para escribir. Gracias por los carteles «It´s the Book, Stupid!». ¡Un clásico!

A Paul y Jennifer Hartung, por la fotografía de la contracubierta (www.jennlynnimages.com). Ustedes dos son como magos detrás de la cámara. Gracias por hacerlo divertido.

Al *Menucha Retreat Center* y todo su personal por ser como un segundo hogar durante los períodos clave del proceso de escritura. A Phyllis Thiemann, por abrir *Brickhaven Bed and Breakfast* para nosotros y por darnos de comer.

A los adolescentes cuyas inspiradoras historias no pudimos encajar en el libro: Chloe y Petra Anderson, Carly Deburgh, Anna Lofgren, Jordan Schaefer, Kaytlynn Clemons, Chris

Field, Haley Allen, Felicity Shepherd, Claire Halbur, Betsy Olson, Charity Edwards, Elisabeth Rifeser, Matthew Champlin, Chelsea Rankin, Adrienne Gilbert, Rebecca Moon, Elisabeth y Kirsten Fruber, Naomi Van Calster, Cornelia van Oostrum, Garret Boon, Martha Heimsoth, Chelsea Convis, Heather Fundlach, Josh Donegani, Katy Owens, Elizabeth Probasco, Naomi Nelson, Caleb Rivera, Sydney Lubin, Victoria Cuneo, Rachel Ramm y Samantha Loftus, por nombrar algunos. Un inmenso agradecimiento a todos ustedes. Sus historias nos vigorizaron para terminar la carrera.

A nuestro estelar equipo del foro en TheRebelution.com, que guardó el fuerte mientras nosotros escribíamos. Un gran agradecimiento a Mark Hutchins, Jonathan Field, David Boskovic, Alex Poythress, Nathan Sleadd, Hannah Farver, JoAnna Talbott, Kristin Braun, Daniel Osborne, Lindsey Wagstaffe, Isaac MacMillen, Elisabeth Thomas, Brittany Cronin, Tim Heaton, Irene Lee, Rebekah Shinabarger, Beth Magnuson, Stephanie Olsen, Holly Donahue, Carl Gray, Ryan Farrington, Kierstyn Paulino, Abigail Snyder, Heidi Mull y Nicole Hearn.

A todos los rebelucionarios en línea y en nuestras conferencias que oraron por este proyecto y creyeron en él. Ustedes son el movimiento. Sigan avanzando hacia adelante y hacia arriba.

A Daniel y Peter Fender por ayudarnos a hacer que el proceso de escritura fuera algo más que solo escribir. Gracias por tomar el tiempo para buscar al Señor con nosotros, orar por nosotros y alentarnos en nuestro caminar con Él. Ustedes nos inspiran.

A toda nuestra congregación en *Household of Faith*. Ustedes nos han visto crecer y han visto nuestros muchos fallos. Gracias por sus fieles oraciones, apoyo y consejo.

A C.J. Mahaney, Steve Whitacre, Mark Dever y Jeff Purswell por su firme compromiso con el evangelio. Gracias por su oportuna exhortación y por comunicarnos sus preocupaciones con esperanza y amor.

A Randy Alcorn por todo. Invertiste incontables horas guiándonos en cada paso crítico del proceso de publicación y nos mantuviste enfocados en la eternidad. Siempre estuviste disponible, a pesar de tus otras numerosas obligaciones. Tu consejo y tu apoyo fueron muy valiosos. Fuiste por encima y más allá. No podemos darte el crédito suficiente.

A nuestros increíbles hermanos pequeños por dejarnos libres para enfocarnos en el libro y hacer nuestras tareas dentro y fuera de la casa. Sarah, hemos visto crecer a nuestra pequeña princesa y convertirse en una joven amable y capaz. Gracias por hacer todas las cosas importantes, grandes y pequeñas, para ayudar a hacer posible todo lo que hemos hecho. Eres un diamante. Isaac, tu fiel servicio a la familia y a nosotros es una bendición. Gracias por ser nuestra mano derecha en todos nuestros proyectos. James, tus fieles y sinceras oraciones nos hacen avanzar, amigo. Gracias por darnos todo el amor en tu corazón de siete años y por todos los masajes de hombros y grandes abrazos.

A nuestro hermano mayor Joel y su esposa Kimberly, por alentarnos desde el comienzo y por participar en el proceso de edición para darnos útiles comentarios. Gracias por ser unos consejeros y amigos tan fieles.

A nuestro hermano mayor Josh. Gracias por tomar el tiempo para hablar con nosotros por teléfono cada vez que lo necesitábamos. Siempre te veremos como un escritor y un hombre de Dios. Tu inversión en nuestras vidas a través de tu ejemplo y de tu consejo nos ha estado desafiando como hermanos e inspirando como jóvenes.

A nuestros padres, Gregg y Sono Harris. Su compromiso con la sabiduría, el trabajo duro y la Palabra de Dios forma el fundamento del modo en que han criado a sus hijos y el modo en que han influido de forma directa en otros cientos de miles de personas. Papá y mamá, su inversión en este libro fue inmensa. Gracias por quedarse hasta muy tarde en la noche para finalizar ediciones antes de las fechas tope, descuidar sus listas de quehaceres para satisfacer nuestras necesidades, y por señalarnos fielmente a la Cruz. Mamá, gracias por interesarte siempre más por nuestras almas que por nuestro éxito. Papá, una gran parte de este libro está informado por las ideas que tú has estado enseñándonos desde que nacimos. Estamos ansiosos de que llegue tu próximo libro.

A nuestro Señor y Salvador Jesucristo. Este libro es para ti y solo debido a ti. Una y otra vez hemos visto orquestar actividades de maneras muy por encima de lo que nosotros podríamos haber imaginado. Nos merecemos tu ira, pero tú nos das gracia de forma gratuita.

¡Soli Deo Gloria!

ACERCA DE LOS AUTORES

Alex y Brett Harris fundaron TheRebelution.com a los dieciséis años de edad y, en la actualidad, son dos de los escritores cristianos adolescentes más populares de la red. Ellos no saben con exactitud lo que les deparará el futuro, pero son conscientes de que seguirán escribiendo y hablando; esperando que tengan también oportunidades para el ministerio, la política y el cine. Además, saben que lo harán juntos.

A fin de ponerse en contacto con ellos, añádelos en *Facebook* (facebook.com/dohardthings), *Twitter* (twitter.com/therebelution), *MySpace* (myspace.com/dohardthings) o escríbeles un mensaje de correo electrónico a book@therebelution.com. A ellos les encantaría escuchar tus historias y tus comentarios.

Para comunicarte con otros rebelucionarios en todo el mundo, visita TheRebelution.com. Es una fuente única para todo, con una guía de estudio en grupo gratuita para *Haz cosas difíciles* junto con cientos de artículos, historias y animadas discusiones. Asimismo encontrarás calendarios de conferencias, camisetas, correos electrónicos de actualizaciones y mucho más.